里沼怪談

戸神重明

竹書房
怪談
文庫

※本書は体験者および関係者に実際に取材した内容をもとに書き綴られた怪談集です。体験者の記憶と主観のもとに再現されたものであり、掲載するすべてを事実と認定するものではございません。あらかじめご了承ください。

※本書に登場する人物名は、様々な事情を考慮してすべて仮名にしてあります。また、作中に登場する体験者の記憶と体験当時の世相を鑑み、極力当時の様相を再現するよう心がけています。今日の見地においては若干耳慣れない言葉・表記が記載される場合がございますが、これらは差別・侮蔑を助長する意図に基づくものではございません。

まえがき

私は昨年（二〇二三年）七月一日に、世界初の試みと思われるイベント「高崎怪談会31 in板倉 ナマズ怪談会」を、群馬県邑楽郡板倉町《おうらぐんいたくらまち》の雷電神社参道にある〈川魚料理 小林屋〉で開催した。これはナマズ料理を食べて、ナマズをはじめとする淡水魚や淡水生物、河川湖沼で起きた怪談ばかりを語る企画であった。

参加者は十九名と、さほど多くはなかったが、群馬県内のみならず、埼玉県や東京都、福島県からも参加して下さった方がいて、楽しんでもらえたようである。ナマズは淡白な白身魚で癖がなく、天婦羅やたたき揚げにすると、ボリュームも出て、実に美味い。

群馬県の東南端に当たる邑楽郡板倉町は、平地で川や沼があちこちに存在し、ナマズやウナギ、コイやフナなどの川魚料理を食べる食文化が色濃く残されている地域だ。〈川魚料理 小林屋〉や隣接する雷電神社の周辺は、かつて板倉沼（古代には伊奈良沼《いならぬま》）と呼ばれる広大な湖が広がっていたという。

西隣の館林市にある城沼《じょうぬま》とも繋がっていたとされる板倉沼は、かなり以前に大部分が埋め立てられてしまったものの、現在でも板倉中央公園内に〈雷電沼〉として、一部が残されている。この辺りでは、昭和の時代にオトカ（狐）に化かされる怪異がよく起きていたそうだが、詳しいことは既刊の編著『群馬怪談　怨ノ城』収録「水の郷《さと》　板倉町」（執筆者、撞木《しゅもく》）を御参照いただければ幸いである。

さて、板倉町での開催には、少し難儀な面があった。〈川魚料理　小林屋〉はとても素晴らしい会場であり、女将さんも明るく親切な方なのだが、群馬県西南部の高崎市からは車で二時間弱かかる。同じ群馬県内でも、近くはないのだ。とくに現在では国道三五四号バイパスが開通して便利になったが、以前は片道三時間近くも要したのである。

そのため、板倉町を含む邑楽郡や隣接する館林市へ行く機会は、数年に一度あるかないかで、少なかった。そして、たまに行ってみると、これは館林市においてだが、公共施設などに設置されたポスターや看板で、〈里沼〉という熟語を目にすることが多かった。

〈里沼〉とは、〈里山〉から想を得た造語で、人里近くにあり、漁業などの生業《なりわい》や魚釣りなどの遊び場として人々に親しまれてきた沼、武士の時代には濠として機能するなど、生活に密着し、歴史文化を育んできた沼のことだという。館林市が地域おこしで行った事業で、文化庁から日本の原風景として、市内の五つの沼が日本遺産に認定されている。

該当しそうな沼がない高崎市では、まず耳目にしない言葉、発想であり、館林市や邑楽郡との交流が生まれたことで、私は〈里沼〉に心を惹かれるようになった。さらに怪談屋として、〈里沼〉の怪談を探してみたくなった。

それが本書を書くことに決めた動機である。


ところで、前述した板倉沼のことを〈広大な湖〉と書いたので、気になった方もいるかもしれない。実は、沼と湖の区別は曖昧なのだ。一応、水深が五メートル以内で底は泥深く、水中植物が繁茂している止水《しすい》が沼、水深が五メートルよりも深くて植物が侵入できない深さを持つ止水が湖、人工で造られた止水が池、といった定義は存在するらしい。

しかし、高崎市と東吾妻町に存在する榛名湖《はるなこ》は榛名山のカルデラ湖で、水深は十二メートルを超えているが、奈良時代に成立したとされる歌集『万葉集』には〈伊香保沼《いかほぬま》〉の名で登場している。現在は湖と呼ばれていても、遠い古《いにしえ》には沼と呼ばれていた止水が多かったようで、明確な区別はなかったことが窺える。

そう考えると、神秘的な山上湖でありながら、現在では観光地として多くの人々が訪れる榛名湖も、群馬県民にとっては慣れ親しんだ〈里沼〉ということになるのだろう。ただし、榛名湖の話は過去に何話も書いてきたし、ややこしくなるので、本書ではできるだけ現時点で〈沼〉と呼ばれている止水を扱うことにした。

同様に、西日本に多い〈里池〉も避けることにした次第である。

もくじ

まえがき……3

融けない雪（宮城県大崎市、蕪栗沼）……12

真夜中の手伝い（宮城県白石市、馬牛沼）……19

慮外者（宮城県白石市、馬牛沼）……29

年上の女（宮城県白石市、弁天沼）……36

幻の小野沼（宮城県）……45

虎子姫の伝説（秋田県能代市、三頭沼）……55
夜霧の向こう（山形県山形市と東村山郡山辺町、白鷹湖沼群）……59
獣人の沼（福島県伊達市、高子沼）……64
青い水（福島県耶麻郡北塩原村、五色沼湖沼群）……71
無人駅の昆虫採集……79
野ゴイを狩るもの（茨城県）……86
外来魚ハンター（千葉県印西市、成田市、佐倉市、栄町、八千代市、印旛沼）……89
お化け沼（栃木県栃木市、渡良瀬遊水地）……97
館林のカナちゃん（群馬県館林市、城沼、多々良沼、近藤沼、茂林寺沼、蛇沼）……104
恋話とアメンボ（群馬県太田市、八王子丘陵の沼）……119

赤い夜（群馬県前橋市、赤城大沼）……123

ウェーダーの釣り人（群馬県高崎市）……131

蛙沼の主（群馬県安中市、通称　蛙沼）……136

線路沿いの沼（埼玉県）……145

絶滅危惧種の楽園（埼玉県）……152

〈特別枠〉について……157

介護施設の修行者（神奈川県）……159

少年の日の思い出（岐阜県可児市）……166

拷問沼（石川県）……174

沼地の洋食店（大阪府）……181

夜更けに来るモノ（和歌山県）……185
はすまつりの女（宮城県登米市、長沼）……189
どん底の紅蓮華（宮城県、M沼）……197
びじょんさん（宮城県）……204
青い猫型ロボット（宮城県）……209
逆恕みの獣（宮城県登米市、平筒沼）……221
森崎さんの幸福な日々（宮城県）……230
あとがき……238

①
②
③
④
⑤
⑥
⑦
⑧
⑨
⑩
⑪
⑫
⑬
⑭
⑮
⑯
⑰
⑱
⑲
⑳
㉑
㉓

怪奇の沼地図

①長沼（宮城県登米市）
②平筒沼（宮城県登米市）
③蕪栗沼（宮城県大崎市）
④弁天沼（宮城県白石市）
⑤馬牛沼（宮城県白石市）
⑥M沼（宮城県）
⑦三頭沼（秋田県能代市）
⑧白鷹湖沼群（山形県山形市）
⑨高子沼（福島県伊達市）
⑩五色沼湖沼群（福島県北塩原村）
⑪某沼（茨城県）
⑫渡良瀬遊水地（栃木県栃木市）
⑬城沼、多々良沼、近藤沼、茂林寺沼、蛇沼（群馬県館林市）
⑭八王子丘陵の沼（群馬県太田市）
⑮赤城大沼（群馬県前橋市）
⑯名もなき沼（群馬県高崎市）
⑰通称・蛙沼（群馬県安中市）
⑱Ｙ沼（埼玉県）
⑲ジャングル内の沼（埼玉県）
⑳印旛沼（千葉県）
㉑名もなき沼（神奈川県）
㉒名もなき沼（石川県）
㉓名もなき沼（岐阜県）
㉔名もなき沼（大阪府）
㉕名もなき沼（和歌山県）

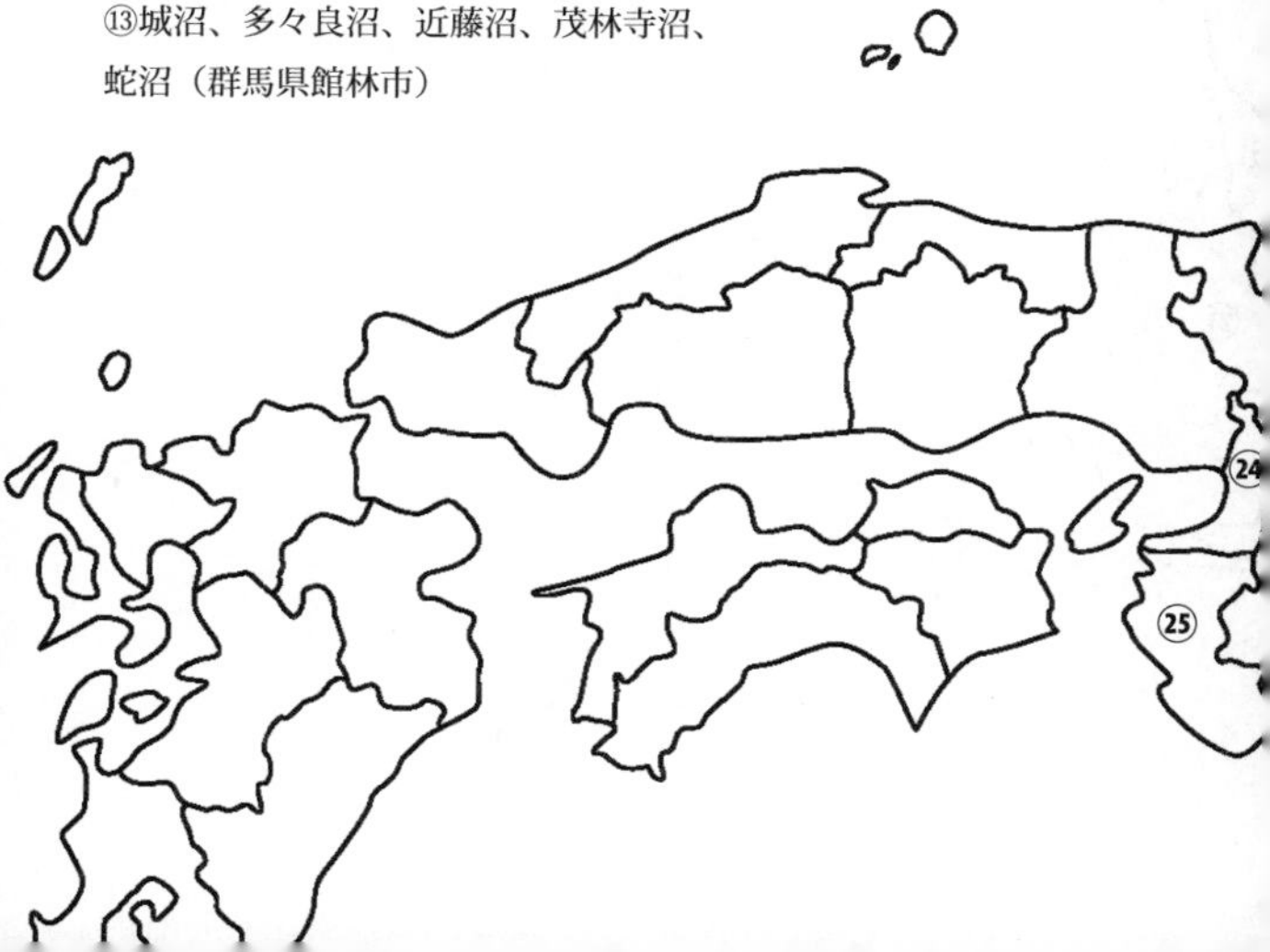

融けない雪（宮城県大崎市、蕪栗沼《かぶくりぬま》）

本書は宮城県が舞台の話が多いのだが、いずれも私、戸神の応援を熱心にして下さっている、Wさんという男性が取材を行い、提供してくれたものである。


現在四十代の男性、春日《かすが》さんが中学二年生だった頃のこと。

当時、彼は山形県に住んでいた。

冬の早朝、父親から「ドライブさ行ぐべ」と誘われた。承諾して家を出ると、雪が降っていた。

「どごさ行ぐの？」

「大事なごどすったいがら《ことをしたいから》、手伝ってけろ《くれ》」

父親はその一点張りで、何度訊いても行き先を教えてくれなかった。道路標識から、どうやら滅多に行かない隣県の宮城県に向かって車を走らせているらしい。

見慣れない町並みを車窓から眺めるうちに、沼の畔に到着した。一面の雪景色で、水面も凍結している。父親は車を駐《と》めると、トランクから大きな円筒形のガラスの器を沢山取り出した。春日さんには、梅酒を造るために使う容器のように見えたという。

父親は急に険しい表情に変わって、強い口調で指示してきた。

「手袋さ嵌めろ。ここら辺にある雪さ、できる限り一杯に詰めろ」

春日さんは言われるままに積もったばかりの新雪を両手で掬《すく》っては、ガラスの容器に詰めていった。それを二時間も続けると、すべての容器が雪で一杯になった。

その帰途、父親が運転する車は進路を変えて、山奥へと入っていった。スノータイヤを装着しているとはいえ、積雪が多い山道は難路となっていた。

「大丈夫?」

春日さんは何度も訊ねたが、父親は黙って運転に集中している。雪の山道を進むうちに、ぽつんと建つ大きな屋敷が見えてきた。そこで父親は車を駐めた。

「おまえは車の中《なが》で待ってろは《いなさい》」

父親が相変わらず険しい表情でそう言うので、春日さんは逆らわずに車内に残った。父親が車から降りてゆき、少しすると、大きな屋敷から坊主頭の男が三人出てきた。三人とも長身で、白い軍服のような変わった洋服を着ていたという。父親は三人の男に雪を詰めた容器を手渡していた。

ほとんどの容器が屋敷の中に運び込まれると、父親が車に戻ってきた。

帰りの車内で父親は、うれしそうに破顔一笑した。

「これで、しばらぐ《しばらく》は、御馳走《ごっつおお》だぞ」

一方、春日さんは訝しく思い、疑問を口にした。

「なぁ、さっきの人だぢ《人たちは》誰や？　あそごで何しった《あそこで何をしていたの》の？」

父親は一転して眉を顰め、黙り込んでしまう。春日さんは気後《きおく》れして、それ以上の穿鑿《せんさく》は諦めた。

父親は何も答えてくれなかったが、それから数日間は夕食に豪華な食品が並んだという。そして居間には、雪を詰めたガラスの容器が一つだけ飾られるようになった。父親は、

「あいづは《あれは》絶対、蓋ば開げで《フタをあけては》駄目なもんだ。いいが！　絶対、蓋開げ《フタをあける》んなよ」

と、怖い顔をして言った。

不思議なことに、居間では毎日、ストーブを焚いていたのに、ガラスの容器に入った雪は少しも融けなかった。その上、容器を眺めていると、雪の中に何かが蠢《うごめ》いているのが見える。川エビやカブトエビ、ヤゴ（トンボの幼虫）、見慣れない小さな魚などであった。後から思うと、魚はおそらく、イトヨやトミヨなどのトゲウオの仲間だったようだ。それらは時折、容器の表面に出てきては、また雪の中に潜って姿が見えなくなる。

「こいづ《これ》、どだな《どういう》仕組みなってんだべ《になってるの》？」

驚いて父親に訊ねたが、やはり、

「余計なごど《こと》だ。穿鑿すんな！」

その一点張りであった。

母親も同様で、何も教えてくれない。母親が父親に容器について問い質すこともなかったのである。それも不思議だったという。また、春日さんは一人っ子で、相談できる兄弟姉妹はいなかったのだ。やがて春が来て、夏になっても、容器の中の雪は融けず、生き物たちも死なずに動き回っていた。

翌年の春、春日さんは高校に入学し、その後、二年近くにわたって容器は居間に飾られていた。だが、早春の休日、高校卒業後の進路について両親と話すうちに口論となった。山形県内で就職して家に残れ、という両親と、県外の大学に進みたいと願う春日さんとで意見が合わず、揉めることになったのだ。

「俺《おら》ぁ、ずっと父ちゃんと母ちゃんさ、逆らわねでやってきたべした《逆らわずにやってきたじゃないか》！　生活費はアルバイトで稼ぐがら、大学さ行かせでけろ《くれ》！」

「馬鹿者《ばがもの》がぁ！　誰のおがげで今まで、生ぎでこられだど思ってんだ！」

父親に怒鳴られた春日さんは、腹いせに例の容器を手に取ると、中身の雪や生き物を庭にぶちまけた。

「な、な、何をするっ！　このっ、大馬鹿者がっ！」

父親は激昂《げきこう》し、猛烈な勢いで春日さんの顔面を殴りつけた。

その剣幕に押された春日さんは、畏縮《いしゅく》して何もできなくなり、庭にある蔵に閉じ込められてしまった。母親も助けてはくれなかった。

晴れた日だったが、暖房がない蔵の中は寒かった。半日ほど経った夕方になって、父親が蔵から出してくれた。庭にぶちまけた雪や生き物は跡形もなく消え失せていたという。

父親の額や頬には、なぜか引っ掻き傷が数条ずつできていた。怒りは収まっていたようで、父親はそれきり例の容器と消えた中身については何も言わなかった。ただし、当分の間、ろくに口を利いてくれなかったそうである。

春日さんは、宮城県内の会社に就職することになり、高校を卒業すると地元を離れた。


二〇二三年二月。春日さんは山形県の実家に帰省した。

すると、年老いて身体が弱くなった父親から、唐突にこう咎められた。

「おまえがあの雪ば捨てでがら《をすててから》、家《うち》はいいごど《いいことが》ねぇんだ」

春日さんの脳裏に、すっかり忘れていた不思議な雪の記憶が甦ってきた。

「あれって何だっけの《なんだったんだい》？」

「……もう終わったごど《こと》だし……そもそも、みな、おまえのせいだ」

父親は問いかけたことには答えてくれず、そこまで言うと、口を閉ざした。

春日さんは記憶を頼りに、中学二年生の冬に行った沼を地図で探してみた。それによって、宮城県大崎市の蕪栗沼だったことが判明した。北上川の自然堤防と丘陵に囲まれた低地にある沼で、魚や貝が数多く生息し、冬にはハクチョウやガンなどが多数飛来する野鳥の楽園として、ラムサール条約登録湿地にも認定されている。

（ほだな《そんな》場所なら、そごさ《そこに》降った雪は、特別なものなのがもすんねな《なのかもしれないな》）

そう考えた春日さんは、ホームセンターで梅酒を造るためのガラスの容器を買うと、車で蕪栗沼へ行って降り積もった雪を集めてきた。しかし、車の暖房を点けて帰ったところ、容器の中の雪はたちまち融けて水になってしまったという。

その夜、夢の中に昔見た三人の男が出てきて、春日さんに罵詈雑言と嘲笑を浴びせかけてきた。三人ともいかつい身体つきをしていて、顔は醜く、化け物のようであった。

春日さんにとって、この体験は気味が悪いばかりか、腹が立つ気もするそうだ。

参考資料『大崎市　おおさき観光情報　蕪栗沼』
https://www.city.osaki.miyagi.jp/kanko/sizen/sizen_reja/5739.html

蕪栗沼

真夜中の手伝い（宮城県白石市《しろいしし》、馬牛沼《ばぎゅうぬま》）

Wさんは最近知り合った二十代の男性、リョウさんから、

「あれは、二〇〇八年のことでした」

と、こんな話を聞いたという。


当時、リョウさんは小学五年生で、福島県北部の実家に住んでいた。家の近所にあった古本屋では、トレーディングカードも取り扱っていた。ある高価なカードがどうしても欲しくなったリョウさんは、両親に何度もねだったが、買ってもらえなかった。当時の価格で、一枚三五〇〇円ほどするものだったそうだ。


九月の初めのこと。リョウさんが学校から帰宅すると、同じ敷地内にある母屋に住んでいた祖父が話しかけてきた。

「カードを買ってあげるよ。だから、お祖父《じい》ちゃんの手伝いをしておくれ」

「手伝いって、どんな？」

「夜中にな、宮城県にある馬牛沼へ一緒に行ってほしいんだ」

あまりにも簡単なことだったので、リョウさんは驚きながらも、喜んで承諾した。

数日後の土曜日。

「今夜、行くぞ」

と、祖父から言われた。ちなみに祖父はその頃、六十八歳だったという。

ほかの家族が寝静まってから、祖父が運転する車に乗って、隣県である宮城県へと向かう。その前に、ある神社に立ち寄った。祖父は神社の駐車場に車を駐《と》めると、

「リョウちゃんは、ここで待っておくれ。車から降りちゃ駄目だよ」

懐中電灯を持って、一人で本殿がある方角へ歩いていった。

それから三十分以上も戻ってこなかったため、リョウさんはひどく退屈した。ようやく戻ってきた祖父に、

「遅かったね。何をしてたの？　待ちくたびれちゃったよ！」

文句を言ったが、祖父は黙って車を発進させた。

祖父は馬牛沼へ向かう途中でコンビニにも立ち寄って、漫画本を二冊、買ってくれた。

「暇になったら読みなさい」

国道四号線を走って宮城県白石市に入ると、まもなく目的地の馬牛沼に到着した。リョウさんは祖父から、再び車の中で待つように言われた。

車内灯を点ける。蚊や蛾などが灯りに誘われて飛び込んでくるのを防ぐため、車はアイドリングした状態で、ドアウインドウを締め切り、エアコンを掛けていた。

祖父は駐車場近くの沼の畔に立って、真っ黒な水面が広がる方角を眺めていたが、やがてどこかへ行ってしまった。リョウさんは買い与えられた漫画本を二冊とも読み終えたものの、祖父は車に戻ってこない。車内の時計は午前四時を表示している。すっかり嫌になったリョウさんは、車から降りて大きな声で祖父を呼んだ。

ほどなく祖父は暗闇の向こうから、渋い表情を浮かべて現れ、

「駄目だ。今日はハズレだ」

そう言って、車内灯を消し、車を発進させた。帰りの車内で、リョウさんはこう訊ねた。

「帰ったら、カードを買ってくれる？」

「駄目だ」

「えええっ!?　約束したのに！」

「ハズレだったから、駄目なんだ」

祖父の言うことはさっぱり要領を得なかったが、代わりに千円の小遣いをくれた。それでリョウさんは不満に思いながらも、我慢することにしたという。

以来、天気の良い週末になる度に、祖父から〈手伝い〉を頼まれるようになった。〈手

伝い〉には、都合五回も行ったが、四回目までは祖父が言うところの「ハズレ」であった。リョウさんは古本屋で買った本を持参して読んだり、携帯型のゲームをするなどして、車内での暇を潰すようになっていた。毎回、小遣いはもらえるので、その金で欲しかったトレーディングカードは買えたし、得をしている気分になっていたそうである。

ところが、十月に入った、五回目の夜。いつものように馬牛沼へ行き、祖父は車から降りていった。リョウさんが車内でゲームを始めたところ――。

「えらやっちゃ《たいへんだ》！　えらやっちゃ！」

祖父が慌てて戻ってきて、ドアを開けた。

「えらやっちゃ！　えらやっちゃ！」

祖父はうれしそうに笑いながら、同じ言葉を何度も繰り返していた。そしてリョウさんの腕を荒々しく掴んだかと思うと、強引に車から引っ張り出そうとする。リョウさんは沼の畔、水際近くまで連れてゆかれた。月が出ていて、沼の水面を明るく照らしている。

「何？　どうかしたの？」

リョウさんが真正面を見た限りでは、水面に変わった様子はないようであった。だが、

「あれだ！」

祖父が右手の方角を指差したので、そちらを見ると、岸辺近くの水面から大量の小さな光が、夜空に向かって次々に舞い上がっていた。蛍火のように見えるが、大変な数である。

「手招きをしなさい！　あの光に向かって！」

と、祖父に命じられた。

しかし、リョウさんは初めて目にする異様な光景に、驚いて呆然としてしまう。

「馬鹿っ！　光に向かって手招きをしろっ！　早くっ！　やれっ！　こらっ！　早くっ！」

祖父が頭を小突いてきた。平素とは別人のように声を荒らげている。

リョウさんが慌てて手招きを始めると、光の群れがこちらに向かってきた。その一つ一つは、テニスボールほどの大きさがある光の玉だったという。

飛来した光の玉が目の前まで接近してくると、細長い、翅《はね》のある昆虫に変わった。トンボに似た姿をしているが、もっと小さな虫である。

祖父はそれらを次々に両手で捕まえ始めた。掬うように掻き集めては、自らの口の中へと運んでゆく。くちゃくちゃと、音を立てて噛み砕いてから、喉を鳴らして呑み込んだ。虫の束を口に運ぶ度に祖父は目を細めて、恍惚とした表情を浮かべている。

（うわあっ、気持ち悪い！）

リョウさんには、今の祖父の姿が極めて醜く感じられた。汚らわしい、とまで思った。

けれども、そんな嫌悪の感情も長くは続かなかった。祖父は虫を頬張り、咀嚼しながら、リョウさんのほうを向いたかと思うと、出し抜けに両手で首を絞めてきたという。

「お祖父、ちゃ……。何、を……」

リョウさんはそれ以上、声を発することができなかった。

祖父の両目はどちらも外側へ寄って、焦点が合っていなかった。唇には、にたにたと笑みを浮かべている。リョウさんは呼吸ができなくなり、じきに絞め落とされてしまった。

目が覚めると、リョウさんは自室のベッドに横たわっていることに気づいた。

あれほど絞められたはずの首に痛みはなかった。起き出して両親がいる居間へ行くと、

「よく寝ていたな」

「もうすぐお昼よ」

と、呑気に言われた。

不思議に思ったリョウさんは、夜中に馬牛沼で光の玉に遭遇したことと、祖父から首を絞められたことを話したが、今度は両親が怪訝な顔をした。

「おまえ、何を言ってるんだ？」

「夢でも見たんでしょう」

両親の話によれば、リョウさんは明け方に祖父と一緒に帰宅したのだという。玄関から歩いて二階への階段を上り、自室へ向かう姿を見たそうだ。

「おかしいなぁ……」

リョウさんは、子供心に不可解で気味悪く感じた。

同じ日の午後、祖父は母屋から、リョウさんたちが暮らす新宅を訪ねてきた。両親にほかの用事があったそうで、リョウさんにもまるで何事もなかったかのように、

「どうした？　顔色が悪いぞ」

と、気遣う様子を見せる。

リョウさんは少し逡巡《しゅんじゅん》したが、文句を言わずにはいられなかった。

「お祖父ちゃんに首を絞められたからだよっ！　何であんなことをしたのさ？」

祖父を問い詰めようとしたものの、祖父は、にやり、と一笑しただけで、何も答えなかった。用件が済むと、母屋へ引き揚げていったが、

（どういうことだよ？　気持ち悪いな……）

この日からリョウさんは、祖父にはできるだけ近づかないことにした。

そして、真夜中の手伝いを頼まれることもなくなったそうである。

ただし、半年ほどは奇妙な現象が続いた。玄関先の地面に、トンボに似た昆虫の死骸が

大量に転がっていることが何度もあった。死因は不明で、腐敗臭を漂わせていた。

冬の間も積雪の上に転がっていたが、放置しておくと、いつの間にかなくなっている。

両親や妹も、その死骸には気づいていたそうだ。あるとき、リョウさんは箒と塵取りで死骸を処分しようとした。ところが、そこへ母屋にいたはずの祖父が、老人とは思えない俊足で駆けつけてきたかと思うと、物凄まじい剣幕で怒鳴られた。

「この、クソガキが！　そこに倒れて死ねい！」

「ボケタレッ！　そこに倒れて死ねい！」

などと、これまでに祖父が口にしたことのない、罵詈雑言を浴びせかけられた。

リョウさんは衝撃を受け、身の危険さえ感じながら、無我夢中で自宅へ逃げ込んだ。祖父が家の中まで追いかけてくることはなかったが、身体の震えがなかなか止まらず、泣き出しそうになるのを懸命に堪えていた。改めて祖父には近づかないことに決めたという。

その後、リョウさんは例の昆虫の正体が何なのか気になって、祖父が外出した隙を見計らい、死骸を一体分だけ割り箸で拾ってみた。それをポリ袋に入れて口をしっかりと縛り、自室に置いて昆虫図鑑で調べようとした。だが、調べる前に、何と、小石に変わっていたそうである。恐ろしくなって、小石はすぐさま窓から庭に投げ捨てた。

おまけに、〈最後の手伝い〉に行ってから、祖父は認知症を発症したらしい。急に物忘れが激しくなり、夜中に独りで出歩くようになった。そのうちに行方がわからなくなり、翌日、遠く離れた町で路上に座り込んでいるところを発見された。警察沙汰になったことから、精神病院への措置入院を経て、介護老人福祉施設へ入所したのは、〈最後の手伝い〉から一年弱、六十九歳でのことである。

祖父が家を出てからは、これといった異変は起きていない。祖父の認知症は悪化する一方で、今ではリョウさんや家族のことをまったく覚えていないそうだ。

さて、リョウさんが一時的に死骸を保存したという昆虫は一体、何だったのか？

「どんな姿をしていたのか、絵に描いてもらえませんか？」

Wさんがノートとペンを手渡して頼むと、リョウさんは記憶を頼りに死骸の姿を描いてくれた。その絵によれば、確かにトンボに似ているのだが、長い前脚が頭部の前に突き出しており、尻には三本の細長い尾がある。また、華奢な身体つきをしていて、体長は二十ミリ前後しかなかったそうなので、どうやらトンボではなく、カゲロウの仲間らしい。

光の玉は、その虫が発していたのだろう——そう考えたWさんは、実物を確認するべく、秋の真夜中に馬牛沼へ行ってみたが、同じ現象を目撃することはできなかったという。

馬牛沼

慮外者《りょがいもの》（宮城県白石市、馬牛沼《ばぎゅうぬま》）

「ハクチョウを見に行かないか？」

二十代の女性、谷津さんは当時交際していた男性から、そう誘われた。二〇一八年十二月のことである。彼氏が運転する車で、宮城県白石市斎川にある馬牛沼へ向かった。

国道四号線沿いにあるこの沼は、周囲およそ二・三キロメートル。周りには水田や森に覆われた丘陵が広がっている。

伝説によれば、九世紀初頭に征夷大将軍であった坂上田村麻呂《さかのうえのたむらまろ》の愛馬が転落して水死したことから、初めは〈馬入沼〉と呼ばれていたそうだ。また、かつて沼にあった中洲が馬の姿に似ているので、「馬形沼」と呼ばれていた、とも伝わっている。それらが長い年月の間に変化して現在の呼称になった、ということらしい。

もっとも、馬の頭部と牛の胴体を持った異形の魚獣が棲んでいたことから、〈馬牛沼〉と呼ばれるようになった、との興味深い伝説もある。

馬牛沼では、明治三十年頃から鯉の養殖が盛んに行われるようになり、毎年十月の後半になると、水が抜かれる〈沼乾《ぬまぼ》し〉が行われ、鯉捕りの行事が催されてにぎわっていたという。けれども、現在は鯉の養殖も〈沼乾し〉の行事も行われていない。

魚釣りも禁止されていて釣り人の姿はないが、野鳥の観察や撮影に訪れる人々が多い。毎年冬になると、ロシアから多数のハクチョウが飛来する。

谷津さんの彼氏は、野鳥や水辺の生き物が好きだったそうだ。

駐車場に車を駐めて降りた二人は、岸辺からハクチョウの観察を始めた。

馬牛沼には、オオハクチョウとコハクチョウが飛来するのだが、この日はコハクチョウの群れが数多く見られた。オオハクチョウと比べると、やや小さいものの、体長一二〇センチ以上に達する、大型で美しい鳥である。岸辺から数十メートル離れた水面に、三十羽ほどが浮かんでいた。

二人が双眼鏡を使って観察していると、彼氏のスマートフォンに電話がかかってきた。

「ちょっと、ごめん」

職場の上司からのようで、彼氏が岸辺から離れてゆく。

谷津さんが一人で水際近くに立っていると、一羽のコハクチョウがこちらに近づいてきた。真っ白なほかの個体と違って、体毛が鉛色をしている。

(まだ子供なのかしら?)

確かにハクチョウの幼鳥は、体毛が灰色がかった地味な色合いをしていて、成鳥よりも小さなものが多い。しかし、その一羽はほかの個体と比べて、ひと際大きかった。コハクチョウの群れにいたが、オオハクチョウを思わせる大きさであった。

その一羽は、谷津さんが立っている岸辺まで、まっすぐに接近してきた。

（餌をねだりに来たのかな？）

ほかのハクチョウ飛来地の多くがそうであるように、馬牛沼でもハクチョウへの餌づけは禁止されていない。人から餌をもらうことに慣れたハクチョウは、人を恐れずに近寄ってくることがよくある。

だが、その一羽は、既に何か大きなものを嘴《くちばし》に咥《くわ》えていた。そして長い首を後ろに反らせたかと思うと、勢いをつけて咥えていたものを放《はな》った。弓を引いて矢を射るような動作であった。谷津さんの足元目がけて、何かが飛んできたという。

それはエビに似た生物であった。岸辺に落下すると、土の上を激しくのたうち回り始めた。全身が真っ赤な甲殻に覆われていて、一対の大きな鋏を持っている。

イセエビを彷彿とさせるほどの、巨大なザリガニらしい。

「きゃあっ！」

谷津さんは絶叫した。彼女はザリガニやエビの仲間などの甲殻類が大の苦手なのだ。

しかも、ザリガニを投げつけてきたハクチョウは、一瞬のうちに姿を消してしまった。

谷津さんはそのことにも驚き、悲鳴を上げ続けながら、彼氏がいるほうへ逃げ出した。

「どうした？」

通話を終えていた彼氏が、目を丸くする。谷津さんが事情を話すと、彼氏は怖がるどころか、興味を覚えたようで、

「どれ、見に行ってみよう」

谷津さんも嫌々ながら、一緒に先程までいた場所へ引き返すことになった。

ところが、いざ行ってみると、ザリガニはいなくなっていた。それでも、地面の一部が湿っていて、ドブに堆積した泥のような臭いがしたという。

「ごめん。あたし、何だか気持ち悪くなってきちゃった。帰ってもいい？」

彼氏に自宅のアパートまで送ってもらうと、じきに気分は良くなったのだが……。

それから数日後のこと。

谷津さんは夜更けに勤務先のコンビニを出て、アパートへ帰ってきた。二階にある自室のドアの近くまで来たとき、コンクリートの床の上に黒い影があることに気づいた。

「うっ！」

思わず立ち竦むと、それに反応したのか、黒い影は激しくのたうち回り始めた。馬牛沼で鉛色のハクチョウから投げつけられた、巨大なザリガニだったのである。

またしても、ドブに堆積した泥を思わせる臭いが漂ってきた。不快な臭気に吐き気を催しかけたが、何とかその場から離れると、急いで階段を駆け下りた。我慢できずに悲鳴を上げてしまう。夢中で来た道を引き返して、勤務先のコンビニへ逃げ込んだ。

彼氏に電話をかけて迎えに来てもらい、一緒に自宅のアパートまで戻ったが、玄関のドアの前にいたザリガニはいなくなっていた。嫌な臭いもしない。とはいえ、

「あ、あんなもの、誰が……誰がここに、置いていったん、だろう?」

そう考えると、恐ろしくて独りでいることができなくなってしまった。この夜は、彼氏に泊まってもらったそうである。

幸い、何も起こらずに朝を迎えることができた。

それ以来、しばらくの間、異変が起こることはなかったという。

けれども、半年ほど経った頃。

ある夜、アパートの寝室で眠っていた谷津さんは、ふと目を覚ました。記憶にある不快な臭いが室内に充満している。嫌な予感がした。

真っ暗な室内を見回すと、天井近くに烏帽子《えぼし》を被り、緑色の狩衣《かりぎぬ》を着た、七、八歳くらいの男児が浮かんでいた。男児は右手に笏《しやく》を持ち、左手には巨大なザリガニを握っていた。目を怒らせて、谷津さんを睨んでいる。暗闇に目が慣れていたせいなのか、あるいは怪異

の力によるものなのか、そんな姿が浮き彫りになって見えた。

まもなく男児は、両手を交差させた。笏とザリガニを掴んだまま、両手で大きく×の形を作ってみせる。そして、

「りょがいものめっ！」

と、吐き捨てたかと思うや、天井に吸い込まれるように消えてしまった。

(何？　何よっ？　何だったの、今の子は？)

谷津さんは、背中への寒気と胸の痛みを同時に感じた。吐き気にも襲われ、何度も嘔吐して、翌日の仕事を休んだ。部屋中に塩を撒き、ベッドに横たわっていたが、それから三日間は気分が悪くて、出勤できなかった。


その症状が治まってから、異変は起きていない。ただし、谷津さんは、それまで美しい動物だと思い、気に入っていたハクチョウのことが嫌いになった。ザリガニに関しては、何十倍も大嫌いになった。それが原因で、鳥や水辺の生き物が好きな彼氏とは次第に考え方や話題が合わなくなり、別れることになってしまったという。

谷津さんにエビやザリガニの仲間の写真を見せて訊ねたところ、彼女を悩ませたザリガニは、真っ赤で外来種のアメリカザリガニと似ているが、体長が三十センチ近くもあり、

イセエビを思わせる太くて頑丈そうな長い触覚が生えていたそうだ。本来のアメリカザリガニは体長十二センチほどで、触覚は細くて弱々しく、さのみ長くもない。だが、カニの仲間を思わせる大きな鋏があったそうで、エビの脚には大きな鋏がないため、やはりイセエビよりはザリガニに似ていたようである。

谷津さんはよく市立図書館へ行き、馬牛沼について調べている。しかし、現時点で同じような体験談は報告されていないらしい。伝説上の〈馬牛魚獣〉のことは書物に掲載されているが、件《くだん》のハクチョウや巨大なザリガニについての資料は見つかっていない。

(何であたしだけが……)

怪異に巻き込まれたのかと思うと、とても腹が立つという。また、かの男児が言い放った『りょがいもの』とは何のことか、気になって調べたところ、漢字では〈慮外者〉となり、『失礼な者、無礼者』といった意味を持つことがわかった。それを知った谷津さんは、

(どっちが慮外者なのよ!)

と、より一層、怒りが増したそうである。

年上の女（宮城県白石市、弁天沼）

二十代の男性、柄井《からい》さんが働く宮城県内の職場には、珍しい名前の女性がいた。その名も、沼間咲夜《ぬまさくや》といい、若々しく見えるが、五十歳を超えているという。

沼間は新入りの柄井さんに親切で、手取り足取り熱心に仕事を教えてくれた。それで一緒に食事をしたり、酒を飲みに行ったりするようになった。柄井さんは、親子ほど年の離れた沼間のことを面倒見の良い、頼りになる先輩だと思っていたが、沼間のほうは柄井さんのことを異性として好きになってしまったらしい。

やがて三日にあげず、仕事以外のことでＬＩＮＥに連絡をしてくるようになった。休日の予定を訊いては『会いたい』と書いてくる。仕事帰りに駐車場で待ち伏せされたことも一度や二度ではない。柄井さんは次第に沼間の行動が恐ろしくなり、自分から連絡するのをやめた。ＬＩＮＥに連絡があっても、仕事の話でない場合は返事を送らないようにした。

ところが、今度は住所を調べ出したようで、柄井さんが一人暮らしをしているアパートまで訪ねてきた。とうとう我慢ができなくなった柄井さんは、

「ふざけんな、ババア！　いい年をして、どういうつもりだ！」

と、暴言を吐いた。

「……ごめんなさい！　ごめんなさい！」

沼間は血相を変えて、平謝りに謝った。

それから沼間は仕事で必要なときを除けば、柄井さんに近づこうとはしなくなった。


ある夕方のこと。

柄井さんは仕事を終えて、車に乗って一人暮らしをしているアパートへ帰ってきた。隣接している駐車場で車から降りると、ガシャガシャガシャ……と金属同士が擦《こす》れ合うような物音が近づいてきた。

(何だ？)

物音がするほうに目を向けると、鎧《よろい》を着て、頭に兜《かぶと》を被った武者が歩いてくる。

「うおっ!?」

このとき日は暮れかけていたが、辺りにはまだ明るさが少し残っていた。夜ではなかったこともあって、恐怖を感じるよりも、とにかく驚いたのだという。

鎧武者は、いきなり殴りかかってきた。

「むっ！」

柄井さんは咄嗟に、手にしていた鞄で拳を受け止めた。おかげで顔を殴られずに済んだが、危ないところであった。鎧武者は顔を面頬《めんぽう》で覆っていたものの、切れ長の両目でこちらを見つめていることが確認できた。そのせいか柄井さんは、友達の誰かがコスプレをして、いたずらを仕掛けてきたのではないか、と思ったそうだ。

「誰だっ⁉　おまえはっ⁉」

鎧武者は、無言でこちらを凝視していた。よく見れば、中背で、背丈や体格は柄井さんとほぼ変わらない。大男ではないので、鎧兜を身に纏い、顔を隠していることを除けば、威圧感を覚える相手ではなかった。

「ふざけんなよ！」

柄井さんは苦笑しながら、両手で鎧武者の胸を押そうとした。

だが、次の瞬間、その両手が空を切った。鎧武者は姿を消してしまったのだ。

「うっ……」

柄井さんは茫然自失の体《てい》で、その場に立ち尽くす羽目となった。

先程の驚き方とは違った、それ以上の驚きと恐怖が彼の中に湧き上がってくる。

逃げ込むようにアパートの部屋のドアを開けると——。

そこにもまた、同じ鎧武者が立っていた。

「うわっ！」

柄井さんは驚いたが、身を守ろうとして鞄を投げつけた。

鞄は何メートルか宙を飛んで、床に落下した。

鎧武者はまたしても消えていたそうである。


この日から鎧武者は、連日連夜、柄井さんの帰宅時や寝込みに現れては殴りかかってきたり、首を絞めてきたりするようになった。意外と非力で、柄井さんが死に物狂いで反撃に出ると消えてしまう。それゆえ怪我をするほどではなかったが、不快なこと、この上ない。とくに風呂での洗髪中やトイレに入っているときに上から頭を叩かれたり、首を絞められたりしたときには参ったという。


幹太という男友達に一部始終を話して相談すると、自称〈見える人〉だという若い女性、鈴花《りんか》を紹介してくれた。二人にアパートへ来てもらったところ、

「確かに、いますね。今はいないけど、嫌な気配を感じます。そのオバサンと関係があると思いますよ」

と、鈴花は言った。ゴシックロリータと呼ばれる黒ずくめの服装で、左右の耳に合わせて十個ほどピアスをつけている。

「除霊には、消臭スプレーが効くんですよ」

鈴花は持参した除菌消臭スプレーを部屋中に噴霧した。床や机も、椅子やベッドもびしょ濡れになり、強い刺激臭に部屋中が包まれたが、効果があったのか、その夜は何事も起こらず、柄井さんは安眠することができた。

けれども、そのことを報告して礼を言おうと幹太に連絡したところ、何日経っても返信がない。不審に思っていると、警察官がやってきて、幹太と鈴花が行方不明になっていることを知らされた。家族から捜索願いも提出されたそうで、柄井さんは色々と事情を聴かれた。二人は彼のアパートを訪ねたあと、一度はそれぞれの自宅へ帰ったが、翌朝には姿を消してしまい、仕事は無断欠勤中で、自宅にも帰ってこないのだという。

それきり、二人の行方はわからないままとなっている。

同時に柄井さんの前には、鎧武者がまた現れるようになった。依然として怪我をしない程度に殴られたり、死なない程度に首を絞められたりする。反撃しようとすると、消えてしまう。とはいえ、

(このままだと、俺も消されてしまうんじゃないか？　あの二人みたいに……)

柄井さんは毎日、夜も熟睡できないほどの恐怖を感じていた。

そんな矢先、久々に沼間咲夜が自宅の前で待ち伏せしている姿を認めた。

（あの女と仲良くすれば、鎧武者は出なくなるんだろうか？）

苦渋の決断だったが、柄井さんはやむなく沼間を自宅に招き入れた。彼女のことよりも、鎧武者のほうが恐ろしかったからである。その夜、二人は男女の関係となった。

それを境に、鎧武者は現れなくなったという。


柄井さんは当初こそ、一時凌ぎのつもりだったが、沼間に少しずつ惹かれるようになってゆき、気がつけば真の恋人同士になっていた。

交際を始めてから、二年が経過した休日。

その日は沼間が親戚の法事に参列したため、柄井さんは一人でドライブに出かけた。その途中、眠くなったので休憩しようと、宮城県白石市にある弁天沼に立ち寄った。

小さな沼の畔は公園になっていて、東屋《あずまや》がある。そこのベンチに座って休んでいると、眠気は覚めていった。そのとき、ふと近くに人の息遣いが聞こえた気がした。

ベンチの隣を見ると、いつしかあの鎧武者が座っている――。

（この野郎！）

柄井さんは不思議と恐怖を感じなかった。真昼間だったし、これまで散々な目に遭わされてきたことを思い出して、込み上げる怒りが恐怖を凌駕《りょうが》したらしい。勢いよく立ち上がると、鎧武者の顔面を右フックで殴りつけた。

これまでとは違って、手応えがあった。その衝撃で、面頬が外れて落下する。

「ああっ！」

兜の下に現れた顔は、柄井さんと瓜二つであった。無表情な顔つきで、こちらを見つめている。違っていたのは、その顔面に無数の刃傷があったことだという。


柄井さんは東屋から逃げ出して、駐車場に駐めていた車へ駆け込んだ。車を発進させてから気づいたのだが、いつの間にか失禁していた。

何とか帰宅した柄井さんは、それから数日、体調が優れず寝込んでしまった。その間、沼間はアパートに泊まり込んで懸命に看病してくれた。それで柄井さんは、さらに彼女に惚れ込んだ。沼間にも変化が現れた。髪を明るい色に染めたり、メイクに力を入れたりしたようで、外見が以前にも増して若く見えるようになった。三十代に見えないこともない。

それきり鎧武者は現れなくなった。

のちに柄井さんは県外にある沼間の実家へ行った。彼女の年老いた両親は、娘が連れてきた恋人が孫のような青年なので、初めは戸惑っていたようだが、優しく接してくれた。彼らは歴史大河ドラマの大ファンだといい、広い居間には鎧武者の人形が五、六体も飾ってあった。

柄井さんはあの鎧武者と関係がありそうな気がして、不気味に感じた。とくに弁天沼の公園に現れた鎧武者の素顔が自分の顔と同じだったこと、傷だらけだったことが不吉に思えてならない。

（あれは一体、何だったのか……）

柄井さんは、考えれば考えるほど嫌な心持ちになった。

おまけに、それから数ヶ月度。

沼間が、

「ちょっと実家に急用ができたから、今度の休みにまた行ってくるよ。大した用事じゃないし、つまんないだろうから、今回は柄井君は来なくてもいいよ」

そう言って、休日に一人で出かけていったのだが、実家に到着することなく、運転していた車ごと小さな沼へ転落して、突然、死亡してしまったのである。その沼は、彼女の実家からは少し離れた場所にあった。なぜそこへ行ったのか、柄井さんも聞かされてはいなかった。ただし、自殺にしては動機がなく、遺書も発見されず、事故現場で魚釣りをしていた複数の目撃者の証言などから、事件に巻き込まれた可能性もないらしい。

そのため、居眠り運転による事故だったのではないか、と警察は判断を下した。

柄井さんが大きな衝撃を受けたことは、ここに書くまでもない。

一時はあれほど嫌っていた沼間がいなくなってみると、身体の一部を奪われたような深い悲しみと虚しさに襲われた。彼女の死から既に四年が経つのだが、一時は仕事が手につかなくなり、精神が不安定になって休職していた、とのことである。

その上、沼間がいなくなったことで、あの鎧武者がいつまた現れるのか——今も不安を抱えながら、日々を過ごしているらしい。

なお、この話を提供して下さったWさんによれば、弁天沼の畔には長さ百メートルにわたる藤棚があり、五月になると美しい花が咲いて、白石市民に親しまれているそうだ。Wさんにとっても子供の頃によく遊んだ、好きな場所だといい、柄井さんから体験談を聞いて興味を覚えたので、久しぶりに現地へ行ってみたが、怪異は何も起こらなかったという。

幻の小野沼（宮城県）

宮城県在住の若い男性、大宮さんが小学四年生の頃のできごとである。彼がいたクラスには、小野という少年がいた。小野の家庭は裕福で、大きな屋敷と広い土地を所有していた。大宮さんは遊びに行く度に戸棚からこっそりと、高価な菓子をくすねていたそうだ。

九月下旬頃のこと、大宮さんは両親に買ってもらった昆虫図鑑を眺めていた。その巻末近くに〈ビオトープ〉についてのコラムが掲載されているのを見た。庭に池を設けると、トンボやミズカマキリ、ゲンゴロウ類などが飛来して棲み着くので、自然が失われた都市部でも、水生昆虫と触れ合うことができる、という内容であった。

大宮さんが当時住んでいた住宅街は近くに天然の湖沼はなく、一部のトンボ類を除けば、水生昆虫を見かける機会はまったくなかった。

（ビオトープ池か……。面白そうだな。ミズカマキリやゲンゴロウを見てみたい）

翌日、学校の教室で級友たちにビオトープ池について話していると、小野も加わってきた。彼も興味を覚えたのだという。その日の放課後、小野を加えた友人たちと、図書館でさらにビオトープ池について詳しく調べてみた。やがて級友の一人がこんな提案をした。

「俺ん家《ち》は、庭が狭くて駄目だけど、誰かの家に、これを造ってみないか？」

「ううむ……。僕の家は、マンションだから駄目だなぁ」

「小野君の家なら、どうかねえ？」

「そうだそうだ！　小野の家なら、できるだろう！」

皆の意見が一致して、小野自身も「いいとも！」と快諾した。

こうして、次の日曜日に決行することになった。

その日、大宮さんと級友三人は朝から小野家に集合した。小野を加えた五人で作業に入る。この家の庭には、隅のほうにかつて小野の祖父が家庭菜園を営んでいた一画があった。現在では祖父が野菜作りをやらなくなったので、草が生い茂った空き地になっている。

「ここならいいよ！」

と、小野に言われて、大宮さんたちは草むしりを開始した。ほとんどの草を除去すると、自宅からそれぞれ持参したスコップで、穴を掘り始めた。ひたすら穴を掘ったという。

一時間ごとに休憩をした。休憩中に、この池を何と呼ぼうか、という話になった。

「ビオトープ池って、日本語じゃないし、何だか言い難いよな」

「小野ん家《ち》だから、〈小野池〉でいいんじゃねえか」

「それなら俺は、〈小野沼〉のほうがいいな。〈池〉っていうと、金魚や錦鯉を飼う場所みたいだからさ。〈沼〉のほうが自然があって、虫が沢山棲み着きそうな気がする」

と、小野が言い出したので、〈小野沼〉と呼ぶことに決まった。

本来なら、人工の止水は〈池〉であり、ダム建設でできた大規模な止水は人工でも〈湖〉と呼ぶことが多いのだが、小学生だった彼らに、そんな知識はなかったのである。

正午には一旦解散して、それぞれの自宅へ帰り、昼食を済ませてきて、また穴を掘り始めた。午後二時過ぎまで掘り続けると、広さは八畳間ほど、深さは六十センチほどの大きな穴ができた。

「そろそろいいんじゃないか」

小野が長いゴムホースを引っ張ってきた。穴に放水を始める。

「水を出し続ければ、そのうち沼になるだろう」

小野は自信ありげに、笑いながらそう言った。

だが、実際には、穴の底にナイロンシートなどを広げて敷かなければ、水を溜めることはできず、ビオトープ池にはならない。子供ゆえの稚拙な発想だったようである。

小野はゴムホースを持って、粘り強く放水を続けたが、水は一時的に溜まっても、ほどなく地面に染み込んでしまい、真っ黒な泥沼になるばかりであった。そんなことが一時間近くも続いたろうか——。

突然、水音を掻き消すように、

「こらっ！　わっぱああああっ！」

怒鳴り声が、小野家の庭に響き渡った。年を経た男の、雷鳴のような大声だったという。

「わあっ！」

「何だっ⁉」

大宮さんと級友たちは、その声に飛び上がらんばかりに驚き、一斉に小野家の庭から逃げ出した。後ろも見ずに近くの公園へと駆け込む。ところが、

「小野君がいない！」

「どうしたんだろう⁉」

「さっきの声は何だったんだ⁉」

小野だけが逃げてこなかったのだ。また、四人とも我先にと逃げてきてしまったので、怒鳴り声の主が誰なのかもわからなかった。それで大宮さんたちは、実は小野が家族の許可を得ていなくて、庭に大きな穴を勝手に掘ったことから、祖父が激怒したのではないか、そして小野は祖父に捕まって、こっぴどく叱られているのではないか、と子供心に憶測したのだという。

「俺たちも、謝りに行こうか」

と、級友の一人が切り出したが、大宮さんはそれを制止した。

「今はまずいよ。明日になれば、お祖父《じい》さんの怒りも、きっと収まってるだろう。明日、みんなで謝りに行ったほうがいい」

このように、子供の頃の大宮さんには、ませていて狡猾《こうかつ》な面があった。

大人から叱られるのは、誰にとっても嫌なものである。行かずに済むなら行きたくない。彼の提案に、皆も同意したという。


けれども、月曜日の朝、小野は学校に来なかった。担任教師の説明によれば、高熱を出して寝込んでいるらしい。大宮さんと級友たちは、休み時間になると、顔を見合わせた。

「小野のことだけど……昨日は元気だったのに、おかしいよな」

「きっと、お祖父さんだけじゃなく、お父さんとお母さんにも叱られたんだ」

「それで、ショックで熱が出たのかな?」

「そうかもしれない。今日はちゃんと謝りに行こう。小野君にも家族にも謝ってこよう」

大宮さんはこのとき、黙っていたが、皆の話に相槌を打っていた。

放課後になると、彼らは自宅へ帰らずに小野家を目指した。到着するや、級友の一人が恐る恐る呼び鈴を鳴らした。

数分後、意外にもパジャマ姿の小野本人が玄関まで出てきた。熱を冷ますシートを額に貼っている。熱があるのは確かだが、身動きができないほど悪い状態ではないらしい。

「昨日は、一人だけ置いて逃げて、ごめんな」

誰からともなく、皆で詫びたところ、小野は怪訝な顔をした。

「昨日は家族と、岩手県にある親戚の家まで出かけていたんだ。みんなとは会っていないじゃないか」

「えっ……？」

話がまるで違う。

（こいつ、きっと、俺たちのことを庇《かば》おうとしてるんだな）

そう考えた大宮さんは、「ごめん。ちょっと、来てくれよ」と小野を庭の隅にある空き地まで連れていった。そこには昨日掘った、大きな穴が広がっているはずであった。

しかし、目の前には雑草が生い茂っていて、地面を掘り返した形跡もなかった。大宮さんは驚いて小野に昨日のできごとを説明したが、小野はますます訝しげに首を傾げた。

「俺のお祖父ちゃんなら、だいぶ前から病院に入院してるんだけど……。病気でもう弱ってて、ろくに歩くこともできないんだよ」

大宮さんと仲間たちは、不思議に思いながらも、それ以上は何も言えなくなってしまい、小野家を後にするしかなかった。

翌朝、小野は登校してきた。熱はすっかり下がったようで、以前と変わらない元気な姿に戻っていた。大宮さんたちは再び、沼を造ろうとしたこと、〈小野沼〉の名称まで考えていたこと、祖父らしき男の声で怒鳴られて逃げてしまったこと、などを打ち明けた。

だが、小野は目を剥いて、首を何度も横に振るばかりであった。

「そんなこと、してないぞ」

大宮さんたちはわけがわからず、何となく怖くなったので、この話は禁忌として、口に出すのを控えることにした。とはいえ、それが原因で小野と喧嘩をしたり、一緒に遊ばなくなったりすることはなかったそうである。

同じ年の十二月。

冬休みの初日に大宮さんは一人で二階の自室にいて、ゲームをしていた。昼間のことだ。

忽然と、外から大声が聞こえてきたという。

「こらっ！　わっぱあああああっ‼」

何事かと、ゲームを中断して二階の窓から外を見下ろすと、家の前の通りに小野が立っていた。顔を真っ赤にして、こちらを睨んでいる。大宮さんは、怒鳴られたり、睨まれた

りする理由がわからず、困惑した。黙っていると、再び小野がより大きな声で、

「こらあっ！　わっぱあああああっ!!」

「な、何なんだよっ、急に!?　家《うち》の前で、失礼なっ！」

怒鳴られた大宮さんは、怒りを覚えて大声で言い返した。ところが、次の瞬間――。

小野の姿は、テレビなどの映像を消したときのように、音もなく消えてしまった。

大宮さんは驚きのあまり、窓際に呆然と立ち尽くしてしまう。しばらくして、寒風が部屋に吹き込み、身体が冷え切っていることに気づいて我に返った。

彼は九月に小野家で起きた奇妙な現象を思い出して、気味が悪くなったという。

慌てて窓を閉め、ストーブを点けたが、くしゃみが出て、なかなか止まらなくなった。

それから三日後、大宮さんは高熱を発した。

インフルエンザに感染していたのだ。せっかくの冬休みだというのに、自宅で床に臥せていることしかできなかった。正月の三が日を過ぎて、ようやく快復したものの……。

冬休みが終わって学校へ行ったところ、〈小野沼〉を造ろうとした級友三人が、まったく同じ現象に遭遇していたことがわかった。

「小野が顔を真っ赤にして、家の前にいたんだよ。いきなり怒鳴ってきやがったんだ。それから、急に姿が消えちゃったから、凄《すげ》えびっくりしたんだよな」

加えて、彼らはその後、全員がインフルエンザに感染し、発症して寝込んでいた。

「俺と同じだ……。一体、どういうことなんだろう……？」

大宮さんは、とにかく小野に訊いてみよう、あいつを問い詰めてやろう、と考えたが、教室に小野の姿はなかった。授業が始まると、担任の女性教師がこう告げた。

「小野君は、御家族の都合がありまして、急に引っ越すことになりました。学校も冬休みの間に転校したので、この教室にはもう来ません」

大宮さんたちは呆気に取られた。慌てて教師に、小野の新しい連絡先を訊こうとしたが、

「ちょっと、事情があってね……。教えるわけにはいかないのよ」

その一点張りであった。おまけに、それだけでは済まなかった。

三学期が終わる三月末までの間に、〈小野沼〉を造ろうとした級友のうち、二人が学校からも地元の町からも姿を消してしまったのだ。小野と同じく、突然、逃亡するように転校してしまったのだという。担任教師が行き先を教えてくれないことまで共通していた。

ただし、その二人は一つだけ、大宮さんともう一人の級友とは、異なる証言をしていた。

確かに小野が現れて怒鳴られたのだが、その声は別人としか思えない、年を取った感じの、大人の男の声だった、と話していたそうである。

（俺や俺の家族も、そのうちいなくなっちゃうのかな……？　いなくなったら、どこへ行っ

て、どうなるんだろうな……？）

大宮さんは連日そんなことを考えるようになり、憂鬱で食欲が失せたほどだった――というが、運が良かったのか、何事も起こらずに済んだ。

現在、小野家が住んでいた屋敷には、別の一家が住んでいる。

大宮さんにとっては、職場への通勤経路に当たるため、つい観察してしまう。小柄でぽっちゃりした、色白の若い女性が出入りするのをよく見かけるそうだ。その度に、

（かわいい娘だな。彼女の身に、何事も起きなければいいが……）

と、心配になるのだという。

大宮さんは、あのとき庭に沼を造ろうとしたことが悪かったのかもしれない、何らかの禁忌に触れたのではないか、と考えているそうだ。

「でも、俺は切っ掛けを作っただけだよ。小野の家に沼を造ろう、と提案したのは、後でいなくなったほかの奴だし、小野自身だって乗り気だった。俺が咎められる筋合いはない」

そこまで話し終えた大宮さんは、顔色が悪く、汗びっしょりになっていた。

虎子姫の伝説（秋田県能代市《のしろし》、三頭沼《さんとうぬま》）

村山さん（女性、在住地域は非公開）は、以前に交際していた男性を事故で亡くしている。その日から、大きな手が屡々《しばしば》現れては、彼女の左腕を掴むようになった。手首から先の、青黒い黒子《ほくろ》がある手だ。それが現れないときも、彼女の左腕には赤紫色をした五指の痕がくっきりと残されていた。四十九日まで、そんなことが繰り返されたという。

村山さんは、怪異が〈よく見える人〉なのである。

これはつい最近のこと。彼女はＬＩＮＥで長年の友人である女性、安田さんとチャット（文章による会話）をしていたのだが、その最中に安田さんはスマートフォンでＬＩＮＥの文章を打ちながら、同時にパソコンで某動画サイトを視聴していた。とはいえ、その内容については話していなかったそうだ。チャットを始めて、三十分ほど経った頃――。

村山さんは、安田さんが家族と住んでいる一戸建て住宅に何度も遊びに行ったことがあるのだが、はたと脳裏にその家の外観が浮かんだ。家の前の通りも見えてくる。二軒隣にある家の前に見慣れない男が立っていた。その男は着物を着ていて、頭は髷《まげ》を結っている。腰には大小の刀を差しており、弓を手にして、矢筒を背負っていた。

まるで時代劇で目にする侍の姿そのものである。それが安田さん宅を眺めているらしい。

(何、あの人……？)

そのうちに侍の姿が、通りから消え失せた。そして金属製の門をすり抜けたのか、二階のベランダまで、一瞬にして移動してきたのである。ベランダは安田さんの部屋に面していた。侍は眼光鋭く、部屋の中を伺い始めたようであった。

嫌な予感がする。村山さんは、LINEで安田さんに訊ねた。

『今、どんな動画を観《み》てるの？』

『怪談、なのかな……。昔の伝説。秋田県の沼に、お姫様が出てくる話』

『それ観るの、やめといたほうがいいよ』

なぜ侍の姿が見えるのかは不明だが、昔の伝説と聞いて、不吉に思えたという。

『どうして？』

村山さんは、現在、脳裏に映っている光景について説明した。

話を聞いた安田さんは非常に驚き、窓のカーテンを捲って外を見たが、「誰もいないよ」とのことであった。いずれにしても、安田さんは動画を視聴するのをやめたそうで、じきに村山さんの脳裏から侍の姿は消え、安田さんの家の周りの景色も見えなくなった。

このときは、それだけで終わったのだが、数日後、村山さんは安田さんと会って、一緒に食事をした。安田さんは心が弱いところがあり、とり憑かれやすい体質で、村山さんは彼女と会うと、色々なものが見えてしまうのだという。この日も、レストランに入って注文を済ませ、料理が出てくるまで喋っていたところ——。

唐突に異変が起きた。安田さんの口の中から、狐が飛び出してきたのである。

長さ十センチほどの、尾が長くて、まさに狐色の体毛に覆われた小さな狐であった。それはテーブルの上に降りたあと、どこかへ走り去って、すぐに姿を消してしまった。

安田さん自身は、狐にまったく気づいていなかった。

村山さんはふと、先日の一件を思い出した。

「ねえ。こないだ観ていた動画の、秋田県のお姫様の伝説って、どんな話だったの?」

「ん?　ええとね……」

秋田県能代市長崎には、長崎沼もしくは三頭沼と呼ばれる、さほど大きくない沼が存在している。市の中心部に近い場所にあり、野鳥が棲むのどかな里沼だという。伝説によれば、平安時代初期に朝廷の武将、坂上田村麻呂が東北地方へ遠征し、蝦夷征伐《えみしせいばつ》を行った際に、三頭の龍を操って造らせたのが、沼の起源とされている。必死に抵抗する蝦夷を水攻めにする作戦だったようだ。

朝廷による東北地方への侵略が終わったあと、沼の畔には謎の美少女が現れるようになった。どこの娘かは誰も知らない。その娘が地元の人々に目撃された年は、農作物が豊作になる。いつしか人々は彼女のことを〈虎子姫〉と呼び、農作物の神として祀るようになった。祠を建てて、聖域である沼にはできるだけ近寄らないようにしていたらしい。

けれども、時代が下って、この地域の代官——侍——が部下を率いて狩りにやってきた。代官たちは、沼の畔に現れた一頭の牝狐を射殺した。

それ以後、〈虎子姫〉は姿を見せなくなり、この地域は大凶作に見舞われる羽目となった。土地の人々は「その狐こそが、虎子姫だったのだろう」と嘆いたそうである。

ついでに言うと、この伝説、本来は同市内で三キロほど離れた柏子所《かしこどころ》集落に伝わる話なのだが、なぜか現在は三頭沼の伝説として流布されているようだ。


村山さんは能代市を訪れたことはなく、どうして侍や小さな狐の姿を見たのかは、彼女自身にもわからない。しかし、符合する点があったことから、三頭沼に呼ばれているような気がするという。

参考資料　『秋田民話集120選』秋田魁新報社　編、刊

夜霧の向こう（山形県山形市と東村山郡山辺町、白鷹《しらたか》湖沼群）

山形県には沼が多く、山形市の西部と、隣接する東村山郡山辺町には白鷹湖沼群（なぜか白鷹町は含まれない）が存在する。広大な森の中に沼が点在していて、中には自然公園の〈県民の森〉に指定されている場所もあり、天気が良い日は魚釣りや散策が楽しめる。ただし、夜には霧が発生することも多い。

天然の沼もあれば、それに加えて堤を築き、水を堰き止めることで、大きな溜め池にした止水もあるそうだ。いずれにしても、ほとんどの止水が玉虫沼、烏帽子沼、樋口沼、大沼、荒沼、琵琶沼、苔沼といったように〈池〉ではなく、〈沼〉と呼ばれている。

中でも山形県内で最も古く、室町時代に造られたとされる玉虫沼には、近くの城に女中奉公をしていた〈玉虫〉という娘の伝説が遺《のこ》されている。玉虫は顔立ちも所作も美しい有能な女中で、殿様の奥方や侍たちに気に入られていたが、それがためにほかの女中たちから妬《ねた》まれていた。陰険な罠に嵌められた玉虫は、ある日、この沼から遺体となって発見される。しかし、彼女の魂は生き続けていて、沼の主になったのか、常に早朝から沼の掃除を欠かすことなく行っているので、今でも水が澄んでいるのだという。

また、畑谷《はたや》の大沼には、竜神伝説が伝わっていて、それを祀った社がある。

今から二十年ほど前、斎藤さんという男性が、晩夏の涼しい夜に仲間三人と白鷹湖沼群へ肝試しに出かけた。現地付近に到着したのは、真夜中を過ぎた頃だったそうだ。

その夜も霧が出ていたが、斎藤さんたちはかまわずに車で沼から沼へと移動していた。車は仲間の一人が運転して、斎藤さんは助手席に乗っていた。仲間は三人とも男性である。

やがて訪れた某沼の畔には、東屋があった。四人は車から降りると、懐中電灯を点灯させて東屋まで歩いてゆくことにした。午前二時を過ぎた頃で、霧は濃くなる一方であった。

「うわ……。こだな何が出そうだにゃあ《こりゃあ、いかにも何かが出そうだな》！」

「肝試しするには最高の雰囲気だねは《だねえ》！」

東屋から沼を見ると、水面上に真っ白な霧が立ち込めている。懐中電灯の光を遠くへ向けても霧に阻まれて、向こう岸まで見渡すことはできない。

「ん……？　何だや、あいづ《あれは》？」

と、仲間の一人が言って、沼の真ん中辺りに灯りを向けた。

彼の声に釣られて、斎藤さんたちもそちらに視線を送る。

すると、濃霧で視界が悪かったにも拘らず、水面上に何か細長いものが浮かんでいるのが見えた。いや、立っているらしい。

斎藤さんたちは、各自で手にした灯りをそこに集中させてみることにした。そして濃霧に向かって目を凝らすと、何が水面上に立っているのか、やっと識別できたという。

それは、ずぶ濡れの女であった。ゆっくりと、こちらに近づいてきている。

女は着物を着て、髪を結い上げていた。髪や肌は真っ白で、着物も白い。もっとも、その姿と服装には黒い縁取りがあるようで、白と黒のモノクロームのように見える。背丈は一五〇センチくらいで痩せていた。顔立ちや年齢ははっきりしなかったが、年寄りではないようで、時代劇に出てくる貧しい町人の娘を思わせるような、簡素な着物を着ていた。

真っ白な濃霧の中にいながら、なぜそこまで出で立ちが識別できたのかは、斎藤さんたちにもわからなかったそうだ。

女は水に沈むことなく、水上を歩くというよりも、足を動かさずに水面を滑りながら、こちらに緩々と向かってきた。

「うわあっ！」

仲間の誰かが悲鳴を上げた。それを合図に四人は一散に逃げ出した。

このとき斎藤さんは、どんな危害を加えられるのかはわからないが、あの女が岸辺に上がってきたら、ただでは済まないだろう、と思ったという。霧を掻き分けるようにして、来た道を全力疾走で引き返した。駐車場と車が見えてくる。

だが、最後尾を走っていた斎藤さんは、そこで異変を感じた。

横手の夜陰と白い霧の中から、真っ白な手が出てきて、彼の右耳を掴んできたのだ。

「ほええっ！」

斎藤さんは度肝を抜かれて、飛び上がった。

その弾みで、真っ白な手は右耳から離れた。斎藤さんは一度立ち止まって、そちらを見たが、白い着物の袖から突き出した細い腕が濃霧の中に浮かんでいただけで、人の頭や胴体は認めることができなかった。

斎藤さんは再び走り出して、車まで戻ってきた。振り返ると、先程の真っ白な手は見えなくなっていた。車の助手席のドアを開ける。乗り込むと、すぐさま運転席に座った仲間がエンジンを掛けた。車が沼から離れてゆく。

「追ってこねがぁ《こないか》!?」

「大丈夫みでだ《みたいだ》！」

「危なかったなぁ！」

仲間たちが何か話しているらしい。

斎藤さんは黙っていたが、良かった！と安堵した次の瞬間であった。自らの身体に異変が起きていることに気づいたという。仲間たちの話し声がよく聴こえないのである。左耳には異常がないが、右耳が聴こえ難くなっているらしい。

「俺、何だか、右耳おがしいんだげど《右の耳がおかしいんだけど》……」

斎藤さんは自らも声を発してみて、やはり右耳が聴こえ難いことを自覚した。つい先程までは、いつも通りに聴こえていたので、不審に思ったそうである。

帰宅後、一日は様子を見ていたが、右耳の聴力は回復しなかった。そこで病院へ行き、医師に診察してもらったところ、外耳炎と診断された。

治療を受けて外耳炎自体は全快したものの、二十年ほど経った現在も、斎藤さんの右耳は難聴気味で、常に何かが耳孔の奥に詰まっている感覚があるのだという。医師に診てもらっても、何も詰まっていない、と言われるばかりで、一向に症状が良くなる気配はない。

思えば、あのとき右耳を掴まれたことが原因だったのかもしれない。そして、すぐに引き離すことができたからまだ良かったが、もしも長く掴まれていたとしたら、

(耳ば引き裂かっちゃが《耳をひきさかれていたか》、完全に耳聞けねぐなってだなんねべが《完全にきこえなくなっていたんじゃないか》？)

と、今でも思い出す度に震撼させられるそうだ。

獣人の沼（福島県伊達市《だてし》、高子沼《たかこぬま》）

福島県に住む十代後半の男性、伊藤さんは令和四年（西暦二〇二二年）の夏に、同じ高校に通う友達二人と列車に乗って、宮城県仙台市へ遊びに出かけた。

その帰りの列車に三十絡みの小柄な男が一人乗ってきた。車内はかなり空いていたのに、どういうわけか、通路を挟んだ向かいの座席に腰を下ろす。髪も髭も伸び放題で、垢じみた身なりをしており、俯き加減で力のない表情をしていた。

「薄汚え奴が来たな。こんなに空いてるのに、何で近くに来るんだよ」

伊藤さんは、男を嫌悪して、わざと聞こえるように言い放った。

「席も空気も汚れるぜ！　風呂に入ってねえ奴が、電車に乗るべきじゃねえよ！」

男は何も言い返してこないどころか、こちらを見ようともしない。それを良いことに、伊藤さんは言いたい放題に大声で嫌味を言い続けた。たとえ喧嘩になったとしても、体格でも人数でも勝《まさ》っているので、負ける気がしなかったのだという。

「次の駅で降りてくれねえかなぁ！」

五分ほど挑発を続けていると、それまで黙り込んでいた男が不意に顔を上げて、物凄い目つきでこちらを睨んだ。ほんの一瞬だったが、猛獣や猛禽を思わせる眼光の鋭さに、伊藤さんはたじろいだ。

（あっ。こいつ、もしかしたら、とんでもなく強《つえ》えのかな？）

しかし、すぐに男の姿は、異次元に吸い込まれるかのように消えてしまった。

友達の野村と向山《さきやま》も一部始終を目撃して驚いていた。伊藤さんは全身に冷や汗をかき、手足がぶるぶると震えていたが、

「お、面白えな！　ゆ、幽霊が、電車に乗ってるなんて！　俺、初めて見たぜ、幽霊！」

と、強がって笑ってみせた。

「俺もだよ！」「俺だってそうだよ！」

野村と向山も、それに釣られて笑い出した。

珍しい体験をしたことで三人とも興奮し、話が盛り上がったという。

同じ年の秋に伊藤さんは、福島県伊達市にある高子沼へ、同じ友達二人と魚釣りに出かけた。

高子沼は周りに金を産出する鉱山があり、安土桃山時代に伊達政宗が、豊臣秀吉から金鉱石の精錬所跡を隠す目的で土手を築き、水を溜めて沼に変えた、との伝説が残っている。

つまり、元来は人工の溜め池なのであろう。周辺の山々には、今も金を掘り出した坑口が残っているそうだ。阿武隈急行線高子駅からも歩いて十数分と近く、周囲一・六キロメートルの遊歩道が造られた、風光明媚な里沼である。

元々、ヘラブナの釣り場として知られていたが、マナーの悪い釣り人が多いことから、一時は魚釣りが禁じられていた。けれども、この年から解禁となったので、行ってみたくなったのだという。

ブラックバスやブルーギルのルアー釣りは禁じられているらしいので、伊藤さんたちは〈にわかヘラ師〉として、魚がいそうな場所を探すと、岸辺に陣取り、ヘラブナ釣りを始めた。単に魚釣りをするだけでなく、某有名動画サイトに投稿するための動画も撮影していた。実際には、そちらが真の目的だったようである。

いざ竿を出してみると、ヘラブナよりもブルーギルのほうがよく釣れてしまう。

二時間ほど経った頃、伊藤さんは空腹になったので、

「少し早いけど、昼飯にしないか？」

と、声をかけたが、いつの間にか野村と向山はいなくなっていた。

「あれ？　どこへ行った？」

釣り竿やほかの荷物も見当たらない。

「おかしいな……」

四方を見回していると、突然、背中に激痛が走った。

振り返れば、異形のものが後ろ足で立っていた。それは頭部だけが人間で、首から下は黒い体毛に覆われている。胸の一部にだけ、三日月形の白い毛が生えていた。胴体はツキノワグマそのものだ。伊藤さんは、鋭い爪で背中を引っ掻かれたのである。

果たしてその顔は、夏に仙台から帰る列車の中で目撃した、幽霊のそれであった。人間の姿をしていたときとは違って、体長は一八〇センチほどあったのかもしれない。だが、後ろ足で立ち上がった状態では腰や膝が曲がって、伊藤さんよりも背が低く見えた。

「何をしやがる！　この野郎！」

このときの伊藤さんは、怒りが恐怖を上回っていた。激情に駆られて、〈ツキノワグマ獣人〉の顔面を殴りつけた。〈ツキノワグマ獣人〉は意外なほど呆気なく、尻餅をついた。伊藤さんは間髪入れず、近くに置いてあったタモ網を手に取ると、逆手に持って柄の部分で、座り込んでいる〈ツキノワグマ獣人〉の頭や顔を滅多打ちにしたという。

じきに〈ツキノワグマ獣人〉が仰向けに倒れたので、伊藤さんはとどめの一撃を加えようとした。足を高く上げて、顔面を踏み潰そうとしたのである。

しかし、その寸前に後方から肩を掴まれ、「おいっ！」と制止された。振り返ると、一緒に釣りに来ていた友達の向山であった。

「おまえ、何やってんだ！」

そう言われて、はっと我に返った伊藤さんに、

「見ろよ！」

向山が前方を指差す。伊藤さんの目に、もう一人の友達である野村の姿が飛び込んできた。野村は鼻血を流して、大の字に伸びていたという。

向山が捲《まく》し立てる。

「おまえが急に奇声を上げて、野村を殴り始めたんだ！　急いで止めに入ったけど、もうちょっとで、野村を殺しちゃうところだったんだぞ！」


伊藤さんは愕然とした。幸い、野村は少し休むと起き上がることができて、救急車を呼ぶほどの大事には至らなかった。実は、伊藤さんの記憶とは違って、野村は両腕で頭部を守っていたらしい。その分、両腕が打撲によって腫れ上がっていた。まさかの事態でヘラブナ釣りも、動画撮影も中止となった。伊藤さんはしどろもどろになりながら、〈ツキノワグマ獣人〉に襲われたことを説明したが、信じてもらえなかった。その上、

「俺が悪いんじゃないんだ！　俺だって、背中を引っ掻かれたんだよ！」

と、謝ろうとしなかったことも悪かった。

背中を見てもらったものの、衣服は破れていないし、衣服を捲ってみせても、傷や腫れはなかったことから、

「いいかげんにしろっ！」「馬鹿野郎！」

野村と向山はそう言ったのを最後に、帰りの列車の中では一切、口を利いてくれなかった。とくに暴行を受けた野村は怒りが収まらなかったらしい。伊藤さんから暴行を受けている動画を高校のクラスのＳＮＳに発表したのである。伊藤さんは危険人物と見做《みな》されて、皆から避けられるようになってしまった。野村と向山とは、それきり絶交されたそうだ。

伊藤さんは、二年経った今でも〈ツキノワグマ獣人〉に引っ掻かれた背中が痛むことがある。傷がないというのに、だ。その度に、

（世の中には、とんでもない怪物が、冴えない人間の姿をして紛れ込んでいることがある。そいつとは絶対に関わってはいけない。どんな呪いをかけられるか、わかったもんじゃないから）

と、猛省しているという。

高子沼

青い水

（福島県耶麻郡《やまぐん》北塩原村、五色沼《ごしきぬま》湖沼群）

福島県の止水といえば、日本全国の湖沼でも第四位の面積を持つ猪苗代湖が有名だが、沼ではないため、本書では割愛せざるを得ない。福島県では平地や丘陵地よりも、標高が高い山地の森の中などに天然の沼が数多く存在している。したがって、神秘的な雰囲気こそあれ、登山者を除けば人との関わりが薄く、〈里沼〉とは呼べない止水が多いようだ。

五色沼と呼ばれる沼は、北海道から東北地方、関東地方の栃木県など、東日本各地に幾つかあるが、福島県では二ヶ所に存在する。

一ヶ所は福島市の五色沼で、吾妻連峰《あづまれんぽう》の一切経山《いっさいきょうざん》と家形山《いえがたやま》の間にある。一九二六年（大正十五年）九月に福島県女子師範学校が吾妻山への集団登山を行ったが、悪天候によって五色沼付近で道がわからなくなり、女子生徒二名、案内の男性一名、カメラマンの男性一名の計四名が低体温症で死亡する遭難事故が発生した。沼の畔には、今も死者の慰霊碑が建っている。

もう一ヶ所は磐梯山《ばんだいさん》の北側にある耶麻郡北塩原村の五色沼湖沼群で、こちらは車で簡単に行けることから、訪れる観光客が多い。そのため、レジャーにおける現代的な〈里沼〉

といえるだろう。五色沼という名の通り、沼ごとに水はコバルトブルーやエメラルドグリーン、黄色や茶色など、さまざまな色をしている。

さて、現在五十代の男性、堀田さんは大学生の頃、福島県内に住んでいた。大学が夏休みに入り、飲食店でアルバイトをしていたが、その日は店が休みだったので、若い同僚たちと「ドライブに行こう」という話になった。

そこで地元出身の同僚の男性、増井さんが五色沼湖沼群を案内してくれることになった。男女五名で、湖沼群の入口にある広い駐車場に車を駐めて、毘沙門沼《びしゃもんぬま》、赤沼、深泥沼《みどろぬま》、竜沼、弁天沼を次々に巡った。景色は素晴らしいし、同僚たちとも仲が良かったので、楽しかったが、堀田さんはもっと楽しいことがしたいと思った。

「この辺に、幽霊が出る場所ってない？　あったら、探検に行ってみたいんだけど」

「ああ、あるよ」

増井さんは即座に答えた。

福島県は会津、中通り、浜通りの三地域に分けられるが、会津地方は一八六八年（明治元年）に起きた戊辰戦争《ぼしんせんそう》（会津では会津戦争）で、旧幕府軍の会津藩士が大勢戦死したり、自害を遂げたりした場所があるせいか、さまざまな怪談話を耳にするのだという。

「面白い場所がある」

増井さんが口にしたのは、廃墟となった元ホテルであった。ここから車で三十分程度で行けるそうだ。

「いいねえ！　案内してくれよ！」

増井さんの提案で、夜になってから行ってみよう、という話になった。まずは残りの、るり沼、青沼、柳沼を巡って観光を楽しむことにする。

ただ、後日、同行していた同僚の女性、多佳子さんから聞いたのだが、沼の一つを眺めていたときに背後から、

「……行ぐな……。行ぐな……」

と、少年のような声が聞こえてきたのだという。

振り返っても誰もいなかった。それで気のせいかと思っていたが、後になってみると、少し不思議だったそうである。

観光を終えた一行は、懐中電灯を購入するため、一旦、山を下って会津若松市街地へ出た。廃墟ホテルへ行くには遠回りになってしまうが、当時はまだライトつきのスマートフォンやガラケーといった便利な道具はなかったからだ。電気店で安価な懐中電灯を人数分、買いそろえると、レストランに入り、早めの夕食を食べて時間を潰す。

すっかり日が暮れたところで、一行は目的地の廃墟ホテルへと向かった。

「こんな所にホテルなんて、本当にあるの？」

と、多佳子さんが言ったほどの山奥で、道路沿いには森がどこまでも続いている。

それでも、地元出身の増井さんが落ち着いて車を運転しているので任せておくと、豁然《かつぜん》と森が開けて、六階建ての廃墟ホテルが現れた。六階建てとはいえ、周りに高い建物がないので、聳《そび》え立つ塔のように見える。窓ガラスのほとんどが破壊されており、駐車場はアスファルトで舗装されていたが、ひび割れた部分が多く、無数の草が生え出ていた。

夜空には大きな満月が懸かっていて、荒涼とした廃墟と駐車場を照らしている。

「こりゃあ、凄えな！」

「これぞ廃墟、廃墟の中の廃墟、って感じだねえ！」

「さ、行ぐべ」

車から降りると、増井さんが懐中電灯を点け、先頭に立って歩き出す。

入口のガラス製の自動ドアは、こじ開けられた上、半分は割られていた。中に入ると、すぐ正面にテーブルがあり、営業していた頃にはフロントだったらしい。そこから横手に広いロビーが続いていた。ロビーでは飲食ができたようで、フロントの近くにバーカウンターがあった。バックバー（後方の棚）は全面ガラス張りになっている。以前はそこに世界の銘酒が並べられていたのであろう。ガラスは割られず、無事に残っていた。

「豪華だなぁ！」

「ホテルがやってた頃に、来てみたかったよな！　金持ちになってさ！」

そんな冗談を言い合いながら、上の階へ行ってみることにした。

エレベーターはあるが、当然のことながら動かない。階段を上っていくしかなかった。

「一番上まで行ってみっぺ」

どの階も荒れ放題になっていた。壁は傷つけられ、下卑《げび》た落書きが残されている。割られた窓ガラスの破片が床に散乱していた。その窓から夜風が吹き込んできて、ピュウウウッ……と口笛のような音を立てている。

最上階まで行ってみたが、不気味なだけで何も起こらなかった。一行は諦めて引き返すことになり、階段を下り始めた。あと少しで一階まで到達するときになって、ひどく冷たい風が吹き込んできた。真夏だというのに、冷凍庫から噴き出してきたかのような冷たさである。それが、ビュウウウッ！　ビュウウウッ！　と激しく吹きつけてくるのだ。

「急に、どうしたんだべ？」

一階まで下りたところで、増井さんが言った。

確かに、先程から風は吹いていたが、これほどの強さではなかった。皆が首を傾げる。そして、その直後であった。バックバーのガラスが、いきなり左側のほうから、
バキバキッ！　バキバキバキッ！　バリバリバリッ！　バリンッ！

と、大音響を立てて割れ始めた。

先程の突風の音よりも、遙かに物凄まじい爆音に近い音が、広いロビーに響き渡る。ガラスは二、三秒のうちに、すべて木っ端微塵に砕け散ってしまった。

一行はその場に立ち竦んだ。幾ら突風が吹きつけたとはいえ、バックバーのガラスは厚みがあり、見るからに頑丈そうにできていた。それがこんな割れ方をするとは、信じられなかったのだ。しかも、そこへ――。

バーカウンターから大量の水が噴き出してきた。床を伝わって、堀田さんたちの足元まで到達したほどの水量であった。懐中電灯の光の加減か、その水は青く見えたという。堀田さんたちは一斉に逃げ出した。屋外へ出て、車に乗り込む。

（エンジンが掛からなかったら、どうしよう）

堀田さんの脳裏を一抹の不安が掠めたが、それは杞憂で、車は動き出した。

帰路の車内では、誰も喋ろうとしなかった。

車内で堀田さんは体調が急変して頭痛に襲われ、身体がだるくて気分が悪くなってし

まった。増井さんは無事だったが、多佳子さんも体調が悪くなったらしい。

堀田さんは最初に自宅のアパートに到着したので、皆と別れてから、足を引き摺るようにして部屋に入った。目が回って、足元がおぼつかない。額に手を当てると、火炎のような熱さを感じた。ベッドへ倒れ込み、そのまま眠ってしまう。

帰宅したのは真夜中だったが、目が覚めると、窓の外は真っ暗であった。

(まだ夜が明けないのか……)

そう思ったが、留守番電話にアルバイト先の店長から、堀田さんの身を案ずる電話が入っていた。五色沼と廃墟ホテルへ行った日の、翌日の夜になっていたのだ。その間、一度も目覚めずに眠っていたのである。熱は下がって、気分も悪くなく、完全に治っていた。

堀田さんの体験談はこれだけだが、あのタイミングでガラスが割れたことも、大量の水が噴き出してきたことも不可解だったという。水道は止められた状態のはずだし、雨も降ってはいなかった。水が透明ではなく、五色沼の水のように青かったことも不思議に思えてならなかった。それについて後日、アルバイト先の同僚たちに話したところ、多佳子さんが前述した体験談を語ってくれたそうである。

五色沼湖沼群

無人駅の昆虫採集

大沢さんという男性が、専門学校に通っていた十代後半の頃に体験した話である。カブトムシやクワガタムシが好きな彼は、夏休みに地元の山に昆虫採集を兼ねたキャンプに出かけた。そこは広大な雑木林の中に小さなキャンプ場があり、近くに鉄道の無人駅がある。駅の外灯には、クワガタムシなどの昆虫が飛来するため、大沢さんはそれを狙って、毎年夏になると自転車にテントを積んでは、何度も訪れていたという。

その日は平日だったためか、キャンプ場の利用者は大沢さん一人であった。明るいうちに到着してテントを張ると、まずキャンプ場の周辺で昆虫の観察や採集をすることにした。コナラやハルニレ、ヤナギの仲間などの落葉広葉樹の幹を蹴って、落ちてきたミヤマクワガタやコクワガタを捕まえた。

さらに、窪地には水溜まりが大きくなったほどの沼が幾つかあるので、そこへ飛来するトンボや水中に棲むヤゴ（トンボの幼虫）、ガムシなどを観察して楽しんだ。

やがて日が暮れると、大沢さんにとって最も楽しみな時間が訪れた。このキャンプ場には常駐する管理人がいないので、まさに夜の山に一人きりである。なかなか味わえない非日常の雰囲気を堪能しながら、懐中電灯を片手に無人駅へ向かう。競合するほかの採集者は来ていない。それを良いことに、夜中過ぎまで粘ろうと考えていた。

夜も更けて、最終の普通列車が無人駅を出ていった。それでも、ホームや待合室、駅舎の入口には灯りが皓々と照っている。ここは朝まで灯りが点いているはずであった。

大沢さんは、飛来したミヤマクワガタやアカアシクワガタ、オオキノコムシなどを捕まえては、持参したパーツケースに収めていった。沼にいたガムシも飛んできた。これは蛾のことではなく、池や沼に棲む大型の甲虫類で、一見、ゲンゴロウと似ているが、まったくの別種である。腹面に牙に似た長い棘があることから、〈牙虫〉と呼ばれている。

(沼から、ゲンゴロウやタガメも飛んできてくれたらいいな)

ガムシよりも大きくなる水生甲虫類のゲンゴロウは、普通種のガムシと違って、農薬や環境破壊の影響を受けやすく、なかなか見ることができない。同様に、日本の水生昆虫では最大種となるカメムシの仲間、タガメも稀少昆虫である。

大沢さんはホームと待合室を行き来していたが、昆虫の飛来が少なくなったので一旦、駅舎から出て、駅前の道路に立ち並ぶ街灯を見に行った。

そこへ暗闇から、ふいと人影が現れた。沼があるほうからだ。

街灯の光に照らされて、二人の男女がこちらに歩いてくるのが見えた。どちらも三十代後半くらいの年恰好で、男は身長一八五センチ以上、女も身長一七〇センチを超えて見えた。二人とも金髪で、男は髪が短く、女はロングヘアーである。

（外国人かな？　こんな所に……？）

物珍しさから、大沢さんは二人の姿を凝視した。殊《こと》に変わっていたのは二人の服装で、夏だというのに、真っ黒な全身タイツを身に着けていた。あるいは、ウエットスーツだったのかもしれない。男の髪は近くで見ると、金髪というよりも赤毛に近かった。一見、サーファーか、ダイバーのペアのようにも見える。だが、この辺りに海や大きな川はない。

まもなく二人は、大沢さんに気づいてこちらを見たので、目と目が合った。このとき二人の顔が意外とのっぺりしていて、眉毛が黒いことが確認できた。

（日本人？　髪を染めてる……？）

次の瞬間、二人は「ちっ！」と同時に舌打ちした。苦い薬でも舐めたかのような表情になる。大沢さんがそこにいたことが、よほど不都合なようであった。とくに女のほうは不機嫌そうに顔を歪めていた。小太りで、とても美人とはいえない顔立ちをしている。

その上、二人の目は吊り上がっていて、白目がなかった。眼球がすべて真っ黒なのだ。

「うっ！」

大沢さんが驚いて棒立ちになった瞬間、出し抜けに、バンッ！

と、音がして辺りが真っ暗になった。駅舎とホームの灯りも、道路の街灯も、一斉に消えてしまったのである。大沢さんが手にしていた懐中電灯のほかには灯りがない状況で、辺り一帯が暗闇に呑み込まれてしまった。

（ああっ！　どういうことだっ⁉）

大沢さんは狼狽して、咄嗟につい先程まで男女が立っていた方向に懐中電灯の光線を向けた。けれども、既に男女の姿はそこになかった。余計に驚愕しつつ、四方に灯りを向けてみたが、やはり長身の男女はどこにもいなかったという。

大沢さんは何とかキャンプ場まで戻ると、テントに入った。今、ほかに身を隠せる場所はそこしかないと思ったからだ。

しかし、一分と経たないうちに、勃然《ぼつぜん》と辺りが明るくなった。外から巨大なライトで照らされているらしい。夏なので、入口はメッシュの窓を閉めただけであった。そこから光が差し込んできて、テントの中がはっきりと見えるほど、明るくなった。

（まさか、異星人とＵＦＯか⁉）

彼のほかには誰一人いない状況である。助けを求めることはできないし、攫われたら、それきり家族や友人の前には戻れなくなるかもしれない。

さまざまな恐怖が大沢さんの脳裏を掠めた。

しかし、じきに灯りは消え失せて、辺りは真っ暗になった。

（良かった！　いなくなったのか！）

安心した途端に疲れていたのか、大沢さんはいつの間にか寝袋にも入らずに眠っていたという。おかげで少し風邪を引いたが、目が覚めたときには朝になっていた。野鳥たちの鳴き声が聞こえてくる。テントから出てみると、キャンプ場の景色はいつも通りで、とくに何も起こらず、自転車で自宅まで無事に帰ることができた。

（昨夜のできごとは、現実だったんだろうか？）

パーツケースを開けてみると、無人駅で採集した虫たちが生きたまま入っていた。絶対に夢を見ていたわけではない。

（あの二人は、夜逃げとか、何か事情を抱えた人たちだったのかもしれない。夜の山の無人駅から、誰にも見られずに電車に乗りたかったんじゃないかな？　だから、俺に見られて嫌な顔をしたんじゃないか？）

一度はそんな風に推測してみたが、すぐに疑問が湧いてくる。

（でも、あの服装は何だったんだ？　沼に生物調査にでも来ていたのか？）

とはいえ、この辺りの沼には、ウエットスーツを着て潜るほどの広さや水深はない。

(それに、電気が消えたタイミングが良過ぎやしないか？　そもそも、終電が出た後の時間だったじゃないか)

大沢さんは色々と考えを巡らせたが、これといった結論は出なかったそうだ。

新学期が始まって、学校の授業で、ある会社にインターンシップに行くことになった。

その会社の社長は、大沢さんたちインターンにとても親切にしてくれたという。

ところが、初日の仕事中に突然、大沢さんだけにこんなことを訊いてきた。

「大沢君は、ＵＦＯとか、異星人とか、見るの？」

「えっ？」

大沢さんは思わず社長の顔を覗き込んだ。

(初対面の相手に、いきなりこんな質問をするなんて……)

社長の大きな双眼には、どこか迫力があった。それが急に吊り上がって、黒目の部分が広がり、白目がなくなってゆく――。

けれども、それはほんの一瞬のことで、社長の双眼はすぐに元の目に戻った。

(錯覚だったのかな……？)

大沢さんは苦笑いを浮かべて、誤魔化した。

「いいえ。見たことないです」

大沢さんたちは、社長や社員たちが終始優しく接してくれたので、無事に楽しくインターンシップを終えることができた。社長は専門学校にも高い評価を送ってくれた。インターンシップ後も連絡を取り合い、焼き肉を奢ってもらったこともあったという。

だが、のちにその会社は忽然と廃業して、社長以下、社員全員と連絡が取れなくなってしまった。業績が悪くなった、などの問題を抱えていたわけではないらしい。

(ひょっとすると、あの社長は異星人で、社員たちは拉致されてしまったのか？　あるいは、社員たちも異星人だったのか？)

大沢さんは今でも不可思議に思っている。

そして、もしもあのとき、

「UFOはわかりませんが、異星人なら見たことがあります」

と、答えていたら、今こうして無事に生きてはいられなかったのではないか——そう思うと、冷や汗が止まらなくなるそうだ。

野ゴイを狩るもの（茨城県）

茨城県には日本全国の湖沼で第二位の面積を持つ、霞ヶ浦が存在するが、最深部の水深が七メートルを超えており、湖に該当するため、今回は割愛して、ほかの止水の話をしてみたい。

昭和の戦前、のちに川漁師となる龍三さんは、まだ七、八歳の少年であった。夏のこと。彼が地元である茨城県内の某沼へ行き、ほかの少年たちと五、六人で泳いでいたところ、

「あれ、誰だっぺ？」

と、少年の一人が岸辺のほうを指差した。

二十メートル以上離れた岸辺には葦《ヨシ》が茂っている。

その中に、穴だらけの着物を着た少年がしゃがみ込んでいた。頭髪は長く、ぼさぼさに乱れている。痩身で、肌は真っ白であった。

「知らない子だな。どこの子だべ？」

この辺りに住む子供同士は皆、顔見知りなので、龍三さんは不審に思った。しかも、

六十センチ以上もある大きなコイを両手で鷲掴みにし、その背や腹にがつがつと食いついていた。鱗を剥ぐこともせず、生の鯉の肉を噛み切っては、貪り食っていたのである。

龍三さんもほかの少年たちも唖然として、泳ぐのをやめてしまう。

少年は大変な速さでコイの肉や臓物から、何と、頭や尾、背骨まで食べ尽くした。コイの肝は苦くて臭いも強いので食えたものではないが、それすら食べたようだったという。たちまち食事を終えた少年は、立ち上がって着物の裾を捲った。灰色の褌《ふんどし》を穿いた下半身が丸見えになる。ゆっくりと歩いて、水の中に入ってきた。

龍三さんたちがいるほうに向かってくる。背恰好からして、年の頃は十歳くらいか。その肌はやけに白く、白粉《おしろい》でも塗っているように見えた。

この辺りの少年たちは皆、夏休みには毎日、沼で魚釣りをしたり、泳いだりしているので、真っ黒に日焼けしている。これほど色白な少年は極めて珍しかった。その上、大きな鋭い目で、挑みかかるようにこちらを凝視している。

「ああっ！」

龍三さんたちは、一斉に驚きの声を上げた。

少年は水深が一メートルほどある場所までやってきたが、踝《くるぶし》の辺りまでしか水に浸かっていなかったのだ。ほぼ水の上を歩いていたのである。

「あいつ、化け物だあっ！」

誰かが叫ぶ。

龍三さんたちは肝を潰して無我夢中で泳ぎ出した。真っ白な少年から離れると、大慌てで陸に上がって、それぞれの家へ逃げ帰ったという。

龍三さんが家族に話すと、

「河童だべ」

と、父親が面倒臭そうに言っただけで、母親や姉は黙っていた。

それで自宅では、この話をすることはできなくなってしまった。

龍三さんは何日か沼へ行くのをやめていたが、じきにまた出かけるようになり、漁師となってからはそこが毎日の仕事場となった。けれども、あの真っ白な少年と出会うことも、目撃談を耳にすることも、二度となかったそうである。

外来魚ハンター（千葉県印西市《いんざいし》、成田市、佐倉市、栄町、八千代市、印旛沼《いんばぬま》）

北米原産のブラックバス、ブルーギル、アメリカナマズ、アフリカや中近東が原産のティラピア、東アジア原産のライギョといった外来魚が、日本の河川湖沼に蔓延《はびこ》るようになって久しい。それらはすべて人間によって海外から持ち込まれ、放流されたものである。目的は食用として、あるいは釣りを楽しむためなど、さまざまだ。

いずれも現代ほど生態系についての思慮がなかった時代の人々による安易な発想であり、負の遺産といえるだろう。

同様にコイ科の魚でコイよりも大きくなるソウギョやレンギョ、アオウオも中国を原産とする外来魚だが、これらは水草を食害するソウギョを除けば、あまり厄介者としては扱われていない。利根川水系などの限られた地域でしか自然繁殖が確認されていないことや、プランクトンなどを餌にする雑食魚であることが理由のようである。

その点、ブラックバス、ブルーギル、アメリカナマズなどは肉食魚で、日本固有の在来種の魚や小動物、昆虫などを食べてしまうことから、大きな問題となっている。もう一つの問題は、持ち前の旺盛な繁殖力にある。外敵の多い大陸で生き延びてきた外来種の多くは、島国育ちの在来種と比べて、数多くの卵を産む。そのため、山奥や離島の池沼でも、ブラックバスやブルーギルしか生息していない止水がよく見られるのだ。

近年では、肉食魚である上に、体長が三メートルに達するといわれる北米産のアリゲーターガーも河川で確認されている。爬虫類では同じく北米産のカミツキガメやミシシッピアカミミガメが日本全国の河川湖沼で確認されている。これらはペットとして販売され、飼育されていた個体が野生化したものだ。亀の場合は脱走した個体もいるが、多くは飼い続けることができなくなった飼い主が捨てた〈野良魚〉や〈野良亀〉である。

外来種の中でも、生態系に深刻な被害を及ぼす種や人間にとって危険とされる種は、特定外来生物に指定され、駆除が実施されたり、放出が禁じられたりするようになった。ミシシッピアカミミガメも条件付特定外来生物として売買や輸入、放出が禁じられている。

さて、これは千葉県の印旛沼での話である。印旛沼は千葉県北部の印西市、成田市、佐倉市、栄町、八千代市に跨る県下最大の湖沼だ。この辺りは縄文時代の海進で海の底となったが、奈良時代に海が後退し、鬼怒川《きぬがわ》から流れ込んだ土砂が川の出口を塞いだことで沼ができたと考えられている。昭和の戦後期に大規模な干拓工事が行われて縮小され、水路を通じて北と西に分かれたものの、現在も広大な沼であることに変わりはない。

江戸時代末期の天保十四年九月二日（一八四三年九月二十五日）には、謎の怪獣に見廻りの役人が殺害される事件が発生した、と伝えられている。怪獣は体長四・八メートル、顔は猿に似ており、長い前足の先には長さ三十センチもの鋭い爪が生えていた。全身は黒く、後ろ足が尾鰭状《おびれじょう》になっていて、アザラシとアシカを合体させたような姿だったらしい。怪獣は暴風雨の中、水中から出現すると、雷のような轟音を発した。同時に監視していた見廻りの役人たち十二、三名が即死し、生き延びた者三名も重い病に罹《かか》ったという。

また、千葉県印旛郡臼井町（現佐倉市）出身で、元プロ野球選手にして読売巨人軍の終身名誉監督である長嶋茂雄さんが、子供の頃に友達と舟を漕いでマブナ釣りをしたり、泳いだりして遊んだ、というコラムを児童向けの魚釣りの入門書で読んだ記憶がある。

印旛沼では、昔からコイ、フナ、ウナギ、モツゴ（クチボソ）などの川魚漁が行われ、水は水道水として利用されてきた。まさに南関東を代表する〈里沼〉といえるだろう。

現在四十代の男性、マサルさんが二十代の頃のこと。

当時から既に印旛沼は、〈外来魚天国〉になっていた。それに加えて、水質の悪化やカミツキガメの定着が確認されるなど、さまざまな問題を抱えている。かくいうマサルさんも、今では魚釣りをやめてしまったが、当時はブラックバスのルアー釣りに熱中していて、釣れた魚は駆除せずに放流する、キャッチ・アンド・リリースを行っていたそうだ。

晩春の午後、マサルさんは広大な沼の畔に立ち、スピニングリールを取りつけたロッド(片手用投げ竿)を振って、プラグと呼ばれるルアー(疑似餌)を水面に向かって投げていた。いつもならここには、ほかにも釣り人がいるものだが、この日に限って、彼以外は周りに誰もいなかったという。

そして、ブラックバスもほかの魚も、まったく釣れなかった。

(おかしいな。いつもなら、こんなに釣れないことはねえんだけど……)

現在の印旛沼では、ルアーフィッシャーの数が増え、魚がスレて釣れないことも多いのだが、当時は今よりも釣れていたのである。

それにルアー釣りでは、魚が鉤《フック》に掛からなくても、ルアーを咥えたり、身体の一部をぶつけてきたりすることはよくあるのだ。この日はそれさえなかった。

(今日は早く帰《けえ》るかな……。いや、諦めずに日没まで粘ってみるか……)

晩春から初夏にかけて、日の入りは遅くなる。夕方、日が傾いてからも、明るい時間帯が長く続く。そんな午後五時過ぎのことである。

岸から二十メートルほど離れた沼の上に、何の前触れもなく、人影が現れた。オレンジ色の西日が、シルエットを浮き彫りにしている。

「げえっ！」

マサルさんは覚えず声を発していた。

その辺りの水深は一メートルほどあるはずなのだ。ところが、その人影は水面に直立していた。身長は一七〇センチ程度。がっちりした身体つきをしているので、男のようである。背に竹籠を背負い、莚《むしろ》のようなものを身に纏って、肩から太腿までを覆っていた。両腕と膝から下には何も着けておらず、筋肉質の腕と足が剥き出しになっている。髪は黒々とした長髪で、顔には仮面を被っていた。仮面といっても、大きな木の葉を何枚も貼り合わせて、両目の部分に穴を開けたものらしい。

年の頃は不明だが、少なくとも老人ではないように見える。

そんな男が直立した姿勢から、膝を高く上げて水面を踏みつけた。すると、男を起点にして、四方に小さな波が立った。水飛沫は上がらない。

次の瞬間、大きな魚が水面に浮き上がってきた。男は身を屈めて、その魚を捕まえた。体長五十センチはありそうな大物のブラックバスである。弱っているのか、既に死んでいるのか、少しも抵抗しなかった。男は魚の尾を掴み、背負っていた竹籠に放り込んだ。

それから男は何度も膝を高々と上げて、水面を踏みつけた。その都度、水面に波が走って、魚が次々に浮かび上がってくる。男は素手で魚を捕獲していった。不思議と竹籠に放り込まれた魚たちが、暴れてそこから飛び出すことはなかった。

マサルさんが見ている前で、三十尾は捕らえていただろう。

(何だ、あの男は……？　人間なんだろうか？)

男は少しずつ水面を歩いて移動していたが、マサルさんの存在に気づいたらしい。何を思ったのか、魚捕りをやめて、こちらに近づいてきた。その目は、明らかにマサルさんへと向けられていた。仮面に開けられた二つの穴から、大きな両目が覗いている。狩人の鋭い眼光が、ぎらりと力強く光っていた。

(やっぱり人間じゃない！　化け物だっぺ！)

男の双眸に圧倒された。マサルさんは釣り具をその場に投げ出して、後ろも見ずに逃走を始めた。そのまま家まで逃げ帰ってきたというから、相当な衝撃を受けたのであろう。ほかには誰も沼の畔にいなかったことが、恐怖心をより増幅させたらしい。


その夜は、あの男が家まで追いかけてこないか、不安で堪らなかったという。

なお、だいぶ時間が経ってから、釣り具を沼の畔に置いてきたことを思い出した。

(そうだ。明日、取りに行かないと……。竿もルアーも高かったんだからよう)

翌朝、日が昇るのを待って、マサルさんは釣り具の回収に向かった。単独で行くのは怖

かったので、その頃はまだ存命で同居していた父親に頼み込んで一緒に来てもらうことにした。父親は拒否しなかったが、当初は、

「そりゃあ、怪獣だっぺよ。いや、人の姿をしていたなら、怪人か」

と、笑うばかりで、信じていないようであった。

とにかく、二人で沼の畔へ行ってみたところ……。

釣り具はそのまま残っており、あの男はいなくなっていた。

そして、百尾を超えると思われる大小のブラックバスやブルーギルの死骸が、山盛りに積み上げてあった。在来魚は混ざっていなかったそうである。

「何だべ、こりゃあ!?」

その異様な光景を見た父親も、唸って唖然としていた。

ただし、こんなことが起きたのは、このとき一度きりだったという。

参考資料　『八代市立郷土博物館「印旛沼出現怪獣」展示資料』
『公益財団法人 印旛沼環境基金 事務局』
https://www.i-kouiki.jp/imbanuma/environment02.html

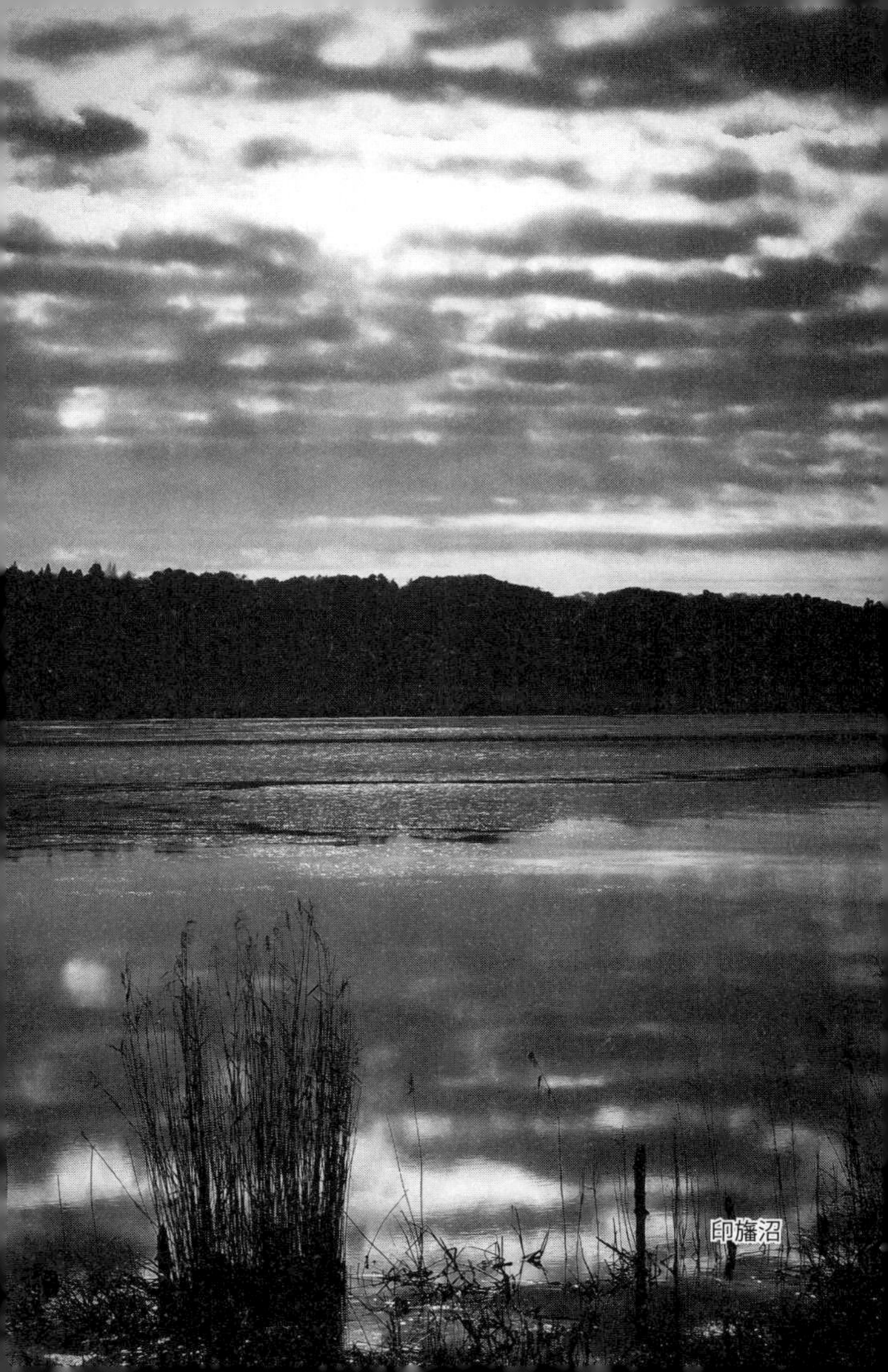
印旛沼

お化け沼（栃木県栃木市、渡良瀬遊水地《わたらせゆうすいち》）

渡良瀬遊水地は、栃木県、群馬県、埼玉県、茨城県に跨る本州以南最大の湿地であり、日本最大の遊水地である。その大部分を栃木県栃木市が占めている。

群馬県館林市出身で、現在四十代後半の女性、由紀子さんが高校生だった頃の話だ。同じ高校に通っていた女友達が、栃木県下都賀郡《しもつがぐん》藤岡町（現在の栃木市藤岡町地域）に住んでいたので、天気の良い四月の休日に遊びに行った。朝から自転車に乗って、片道一時間近くかかったという。

友達の家で昼飯を御馳走になり、楽しい話を沢山して、午後四時過ぎには帰路に就いた。四月のことなので、日没は遅くなっている。道も知っているから、迷うことはない。ゆっくり走っても、日が暮れる前に自宅へ帰れるはずであった。

ところが、県境付近まで進んだときに、異変が発生した。道路がカーブする場所があり、両側が小さな藪になっている。そこを通過すると、同じ田園風景が見えてきたのだ。もっとも、この辺りは今でもそうだが、渡良瀬川の堤防と田畑が広がっていて、人家やほかの

建物が少ない場所なので、初めは、

（よく似た景色が続くなぁ）

と、思っただけだったという。

しかし、その先の道路もカーブしていて、小さな藪があった。そこを通過すると、また同じ田園風景が広がっている。行く手にカーブと藪が見えてきた。

（あれ？　おっかしいね……）

由紀子さんは不思議に思い始めたが、そのまま自転車のペダルを漕いだ。

だが、カーブを曲がると、またもや同じ風景が現れる。これで三度目だ。困惑したが、どうすることもできない。何とかこの状況から脱しようと、ペダルを漕ぐ足に力を込める。

すると――。

突如、目の前が眩《まぶ》しく光った。夕日なのか、オレンジ色の光線に目を射られて、何も見えなくなる。

……失われていた視力が戻ってくると、いつしか由紀子さんは広大な原野の真ん中に佇んでいた。目の前には泥色に濁った沼がある。少し焦げ臭い匂いが漂っていた。地面を見ると、黒く焦げた焼け跡が残されている。その間から、草の芽が出始めていた。葦《ヨシ》焼《や》きが行われた跡らしい。四方を見渡せば、南側に巨大な止水が広がっていた。

（まさか、ここは……渡良瀬遊水地!?）

そう思ったのと同時に、巨大な止水のほうから、大勢の人々が近づいてくるのが見えた。いずれも野良着を着ていて、鋤《すき》や鍬《くわ》を手にしている。四、五十人はいただろう。

「あんた、どっから来たんだ？」

先頭にいた若い男が声をかけてきた。

「……あたし、館林から来ました」

「ふうん。館林町からか」

「えっ？」

江戸時代に存在した館林藩は、明治時代初期の廃藩置県で消滅し、館林県が形成されたり、すぐに廃止されて栃木県に編入されたりしたあと、群馬県邑楽郡の一部となった。現在の館林市は、一九五四年（昭和二十九年）に館林町と郷谷、大島、赤羽、六郷、三野谷、多々良、渡瀬の各村が合併して誕生している。それらの話は、由紀子さんも何となくだが、学校の教師や祖父母などから聞いた覚えがあった。

（おっかしいことを言う人だなぁ。それに、服装も何だか変だし……）

若い男は、由紀子さんよりも幾つか年上くらいに見えるのだが、継《つ》ぎ接《は》ぎだらけの、やけに古めかしい服装をしていた。現代の若者が着る衣服ではないように見えた。

「気づいたか。ここは生きた人間が来る場所じゃあねえ。早く出ていげ！」

男は急に態度を変えて、鍬を振り被った。それに呼応するかのように、ほかの人々も一斉に鋤や鍬を振り上げる。

由紀子さんは仰天して、その場から逃げ出した。無我夢中で走り続けると、土手が見えてきた。土手の上には道路が通っていて、そこに彼女の自転車が停めてあった。ここからどうやって沼の畔まで移動したのか、まったく記憶がなかったという。

そして振り返ると、先程まで葦原の真ん中にいた大勢の人々は、一人もいなくなっていた。オレンジ色の残照が、無人の原野を照らしているばかりであった。

(あの人たち、生きた人間じゃなかったんだ！)

そこからは自転車に乗って、何とか友人の家まで行き、事情を話してしばし休憩させてもらってから、日が暮れてきた道路を走って自宅へ急いだ。帰宅したときには夜になっていたので、

「いつまで遊び歩いてたんだい！」

と、心配した母親から怒られたという。

由紀子さんが語った話はここまでなのだが……。

　栃木県日光市足尾町（旧上都賀郡《かみつがぐん》足尾町）の足尾銅山は、採掘した銅の精錬によって亜硫酸ガスが発生し、周囲の山々の森林を壊滅させた上、渡良瀬川には銅、鉛、亜鉛、ヒ素、カドミウムなどを含む鉱毒水が流れ込み、下流の栃木県、群馬県、埼玉県、茨城県の村々に甚大な被害を与えてきた。川魚は死滅し、田畑の作物は枯死するか、多量のカドミウムに汚染されて、農民たちを苦しめた。生活が立ち行かなくなった民衆は、足尾銅山の運営企業、古河鉱業を支持する明治政府を相手に何度も反対運動を起こす。

　それに対して政府は、大きな被害を受けていた谷中村《やなかむら》の広大な土地を栃木県に買い取らせて廃村とし、現在の栃木市藤岡町地域を中心に、栃木県小山市、群馬県板倉町、埼玉県加須市《かぞし》、茨城県古河市《こがし》に跨る渡良瀬遊水地を造成した。明治三十八年から昭和五年にかけてのことである。

　その目的は表向きこそ、〈洪水対策〉とされていたが、実際には鉱毒を沈殿させる無人の大湿原を設けることで、下流の地域への被害を抑えるためであった。さらに、鉱毒問題の解決に尽力した政治家、田中正造が住んでいたことから反対運動が激しかった谷中村を潰すことが目的だった、と見る向きもある。

　渡良瀬遊水地は、第一調節池、第二調節池、第三調節池があり、本州以南では最大の湿地が広がっていて、数多くの野鳥が生息し、あるいは渡来することから、二〇一二年にラムサール条約登録湿地となり、数多くのバードウオッチャーが訪れるようになった。

このうち谷中村の跡地に当たる第一調節池には、かつて泥底の巨大な止水があり、〈お化け沼〉と呼ばれて、釣り人に親しまれていた。しかし、一九八九年に全面コンクリート張りのハート形ダム、谷中湖が完成して、〈お化け沼〉は消滅している。

谷中湖の水は飲料水として利用され、魚釣りやボート競技など、レジャーやスポーツの場として盛んに利用されるようになった。その一方で、周囲の湿地は乾燥化が進んでいる。したがって、ラムサール条約登録湿地として鳥獣保護区になったものの、現在、谷中湖に生息する魚類は外来種が多く、野鳥の数は〈お化け沼〉があった頃よりも減少しているという。周辺の土壌に含まれる銅の量も、未だに多いことがわかっている。

なお、谷中湖の周辺には〈お化け沼〉の名残《なごり》なのか、幾つか小さな止水が現存しており、北側にある藤岡町藤岡の止水には、〈大沼〉の名がつけられている。おそらく由紀子さんが立っていたのは、その沼の畔だったものと思われる。そして彼女が遭遇した人々は、廃村となった谷中村の住人たちだったのかもしれない。

参考資料　『渡良瀬遊水地』 https://watarase.or.jp/

渡良瀬遊水地

館林のカナちゃん

（群馬県館林市、城沼《じょうぬま》、多々良沼《たたらぬま》、近藤沼、茂林寺沼《もりんじぬま》、蛇沼）

「まえがき」でも触れたが、本書のタイトルにある〈里沼〉とは、群馬県館林市で〈里山〉に想を得て作られた造語だという。城沼、多々良沼、近藤沼、茂林寺沼、蛇沼という五つの天然の沼を持つ館林市では、縄文時代から現代に至るまで、川魚漁や娯楽としての魚釣りなどが盛んに行われてきた。また、多々良沼の北岸では、奈良時代の後期頃から砂鉄を原料とした〈たたら製鉄〉が行われていたことが証明されている。

　厖大《ぼうだい》な年月にわたって地域の人々が沼周辺の自然と共生し、歴史文化が育まれてきたことから、館林市は地域おこしとして、〈里沼〉の地であることを謳《うた》ってきた。それが日本の原風景として評価され、五つの沼は二〇一九年に文化庁から『日本遺産』に認定された。

　さて、私の既刊『群馬百物語　怪談かるた』（竹書房怪談文庫）は、本物のかるたではなく、群馬県内のみで集めた百話の怪談の各題をかるたの読み札風にした文庫本なのだが、第六十話に「〈ぬ〉沼地は多し　館林」という作品を収録している。

　実際には、〈沼〉と〈沼地〉は意味が少々異なっている。スーパー大辞林によれば、

『沼……一般に、水深五m以内の水域。水草が茂り、透明度が低い。湖との区別は明確でない』

『沼地……大小の水溜まりなどが続く、湿っぽく泥深い土地』

とある。つまり、〈沼〉とは〈湖〉に近い大きさの止水を指し、〈沼地〉は〈湿地〉と同義語で、地面がある土地を指す。それゆえ、『群馬百物語　怪談かるた』も本来ならば、『沼は多し、館林』が正しいのだが、語呂は『沼地は多し、館林』のほうが良いし、〈沼〉の外縁部には大抵、〈沼地〉も存在していることから、そう名づけた次第である。

未読の方向けに粗筋《あらすじ》を紹介しておこう。


館林市にある某沼の畔に、古い神社がある。その境内は雑木が多く生えていて昼間でも薄暗く、神主は常駐していない。とはいえ、氏子によっていつも綺麗に清掃されている。

男性Aさんは、昔その近くに住んでいた。彼が小学一年生のときのことだという。

同じ年頃の友達と五、六人でかの神社へ行き、さほど広くない境内でサッカーをして遊んでいた。Aさんがボールを蹴った、その瞬間であった。

サッカーボールが、巨大な茶虎の猫の生首へと変化した。ンギャアアアッ！　と断末魔を思わせる叫び声を発しながら、苦しそうに口を開けて転がってゆく。驚いたAさんは、ボールを蹴った体勢から動けなくなってしまった。ほかの子供たちも棒立ちになっている。その場にいた全員が、同時にサッカーボールほどの巨大な猫の生首を見ていたのだ。

猫の生首は木の幹に当たって跳ね返ると、サッカーボールに戻ったという。

実は、この神社には〈ある武将の首を祀っている〉との伝承があるのだが、幼かったAさんはまだその話を知らなかった。猫との関連も謎のままである。

館林市は、江戸時代には館林藩の中心地で、のちに〈犬公方〉となる江戸幕府の五代将軍、徳川綱吉が藩主に就いた時期もあった。実際には、綱吉は終生、江戸に住んでいたのだが、それはさておき、藩庁の館林城は城沼の西岸に築かれていた。元来は室町時代に築かれた城で、城沼は天然の濠として機能していたらしい。現在、城跡は市役所や公園などの公共施設となっており、沼を取り巻く形で市街地が広がっている。

館林市も、隣接する邑楽郡の各町村も、見渡す限り平野が広がっていて、天然の池沼が多い。中でも広大な多々良沼や城沼には、冬になるとハクチョウが多数飛来する。また、茂林寺沼の畔に建てられた曹洞宗青龍山茂林寺は、『分福茶釜』の伝説で名高い。

二〇二〇年二月に私は交流のある霊能者、浄霊師の江連美幸《えづれみゆき》さんと、案内役の撞木さんに参画してもらい、取材班を結成して城沼、多々良沼、茂林寺沼を巡ってみた。その途中で昼食に立ち寄った飲食店で、お茶が人数分よりも一杯多く出され、「店員さんには、一人多く見えているのかな？」と、興味深く思う場面があったが、それだけで肝心の沼では、これといった怪異に遭遇することはできなかった。

江連美幸さんに各沼の畔に立って、様子を見てもらったものの、

「どこにでもいるような霊の気配は感じますけど、あんまり強い霊はいませんね。あたしは釣りが趣味で、多々良沼にはよくブラックバスを釣りに来るんですけど、怖いな、とか、危ないな、と思ったことは一度もありません。平和な、いい沼ですよ」

とのことであった。さすがは日本遺産、誠に素晴らしいことである。

しかし、何もなければ本書には書けないので、過去の取材資料を調べ直したところ、未執筆の話が見つかった。それをこの機に記しておきたい。

○

三十代の女性、奈央《なお》さんは以前、城沼の近くにある会社でアルバイトの事務員として働いていた。ある企業の支社で、職場は三階建ての雑居ビルの三階にあった。

彼女が入社してまもなく、入れ替わる形で男性の正社員が一人退職している。

やがて奈央さんは奇妙な光景を目撃した。たまたま職場に一人でいたときに、資料をコピーして席へ戻ろうとしたところ、彼女の机の上で何かが動いていることに気づいたのだ。

プラスチック製のファイルスタンドが、独りでにぐるぐると回転している――。

奈央さんは初め、地震で動いているのかな、と思った。だが、建物の床や壁が揺れている気配は感じられない。にも拘らず、紙の資料を積んで重くなったファイルスタンドだけが、回転しながら机の上を横へ移動してゆく。ついには床へ落下して大きな音を立てた。

「きゃあっ！」

奈央さんは驚きのあまり、床に散らばった資料を呆然と見下ろした。

（これってどういうことなの……？）

そこへほかの社員たちが戻ってきたので、

「あ、あのう、今……」

慌てて経緯《いきさつ》を説明したが、皆、難しい表情を浮かべただけで何も言わなかった。それも不可解だったという。

翌日。

職場の電話が鳴ったので奈央さんが出ると、相手は黙っていた。奇妙なことに、かけてきたのは同じ職場にある内線電話らしい。ナンバーディスプレイに表示された番号からそれがわかったのだが、このとき電話をかけている社員は誰もいなかった。

「電話機の故障とか、混線ですかねえ？」

周囲に訊いてみても、誰もが首を傾げるばかりで埒が明かない。奈央さんはますます怪訝に思いながらも、初めは科学的に解明できる現象だろうと憶測していた。

内線の無言電話は、それから頻繁にかかってくるようになった。二日続くこともあれば、数日の間隔が空くこともある。共通しているのは、決まって午後二時から三時の間に起こることであった。

ある日、その時間帯にかかってきた電話に男性の正社員が出ると、

「うふふふ……。あたし、カナちゃんよ」

と、大人の女の声がして、電話が切れたという。

内線電話だったが、この支社に〈カナちゃん〉と呼ばれている社員はいないし、電話をかけていた者もいなかった。

おまけにその男性社員は数日後に突然、出勤してこなくなり、そのまま退職してしまった。鬱病で働けなくなった、というのである。

「また男性が辞めちゃいましたね」

奈央さんが気味悪く思って、先輩の女性アルバイトに話しかけると、

「ここって、男性は長く続かないんだいね《だよね》」

先輩がそんなことを言う。

理由を訊いても、「そのうちわかるよ」と何も教えてくれなかった。奈央さんは職場のよそよそしい人間関係も嫌になりつつあったという。


奇妙な現象は、ほかにも次々に発生した。

その日、奈央さんは残業をしていた。残業は一時間で片付いたので、パソコンの電源を切ろうとボタンを押した。本来ならば、水色の画面に変わってから電源が切れるはずなのだが、この日はいつもと違った。

画面が上のほうから赤くなってきたのだ。まるで大量の鮮血が垂れてゆくように――。

やがて画面全体が真紅に染まってしまう。

「何、これっ!?」

それから電源が切れるまでには一分以上を要した。その間に、一緒に残業をしていた女性正社員を呼んで真紅の画面を見てもらったが、渋い顔をして黙り込んでいたという。

この職場には給湯室があって、その最奥の壁に金属製のドアが設置されていた。ただし、なぜかノブが取り外されていて、円い穴が開いている。

（この向こうにも部屋があるのかな？）

奈央さんはドアを押してみたが、開かなかった。しかも、その前の床には小皿が置かれ、盛り塩がしてあった。見るからに不審な空間である。

周囲に訊いても事情を教えてくれそうにないので、ドアの穴に目をくっつけるようにして覗いてみたところ――。

穴の向こうにも人間の目があって、こちらを見つめ返してきた。

奈央さんは絶叫した。腰を抜かして座り込んでしまう。

さすがに、ただごとではない、と感じたらしく、社員たちが駆けつけてきた。

奈央さんが泣きながら事情を話すと、女性の支社長に呼ばれた。支社長は、

「実は、無闇に怖がらせても、あなたのためにならないだろうと思って、みんなには口止めしていたんだけど……そこまで知ってしまったのなら、仕方ないわね」

と、ようやく事情を語り出した。

以前にこの部屋は、ほかの会社が借りていたが、そこで働いていた〈カナちゃん〉という社員が自殺する騒ぎがあった。〈カナちゃん〉は男性の上司や先輩にいじめられて自殺

したことから、この世の男性すべてを怨むようになったのか、さまざまな嫌がらせを仕掛けてくる。それで男性社員が長く居着かない職場になったらしい。

結局、その会社は〈カナちゃん〉の祟りからか、じきに倒産し、廃業している。のちに幾つかの事務所が入ったものの、いずれも三ヶ月程度で撤退してしまった。この支社は二年近く続いているが、初めてのことだという。

奈央さんは怖いのを我慢して、同じ日のうちにもう一度、給湯室のドア穴から恐る恐る覗いてみた。今度は遠くに壁らしきものが見えるだけで、人間の目は現れなかった。

そこで休憩時間に屋外へ出て、職場が入っている雑居ビルの裏手に回ってみた。見れば、給湯室の奥に部屋はなく、ノブのない錆びたドアが剥き出しになっている。使われるはずのないドアは、いかにも不自然な存在に思えた。その外側に人間が立てる場所もない。

加えて、これまでは仕事と関係がないことなので気にしていなかったのだが、隣にまったく同じ造りのビルがもう一棟建っていた。かつて二棟は三階に渡り廊下があって、繋がっていたらしい。双方のビルの壁に取り壊された跡が残っていた。

(もしかしたら、その渡り廊下が自殺した現場だったのかも……？)

奈央さんはそう考えたが、支社長に訊いても、

「どこで自殺したのかは私も知らないのよ。うちの会社が入る前のことだから。私はその頃は、まだ東京の本社にいたし……」

と、納得できる答えを得ることはできなかった。

逆に地元在住のアルバイトの先輩女性は、打って変わって饒舌《じょうぜつ》になり、

「その話なら、あたし、聞いたことがあるよ。自殺したのはこのビルじゃなくて、沼なんだって。沼の岸に生えてる木に、縄を掛けて首を吊った、って話だよ」

そう教えてくれた。

とはいえ、先輩女性の情報も噂話の又聞きで、確証はないらしい。

その後、奈央さんは我慢して働き続けたが、男性社員は全員、心身に異常を来して一人もいなくなった。しばらくは女性社員だけで業務を切り回していたものの、今度は目的を果たした〈カナちゃん〉が女性社員にも矛先《ほこさき》を向けるようになったのか、支社は業績不振により、このビルに入って丸三年で撤退を余儀なくされた。

奈央さんが最後の勤務を終えて車に乗り、館林市内の自宅に帰ったときのこと。

自宅の庭に車を駐めて降りると、日は暮れかけていたが、辺りにはまだ明るさが残っていた。

次の仕事は決まっていない。奈央さんは思わず溜め息を吐いた。

庭の出入り口には門がなくて、その前を通っている道路がよく見える。

そこから突然、人の形をした黒い影が現れた。

走ってこちらに向かってくる。

（うっ……）

奈央さんは、ぎくりとして足を止めた。

黒い人影はそのまま突進してきて、奈央さんと交差した。

だが、何かにぶつかった、という感触はなく、それきり消えてしまったのだという。

（目の錯覚だったのかな……？）

と、思いもしたが、奈央さんよりも背の低い、小柄で華奢な人の形がやけにはっきりと見えたそうである。

道路の向こう端には小さな水路があり、黒い人影はそこから飛び出してきたように見えた。ちなみに、その水路は、ある沼と繋がっている。

以来、奈央さんは次の仕事になかなか就けず、思い悩むようになった。

（アルバイトの仕事もないなんて……。もういい年なのに、何て惨めな……。思えば、私の人生、今までろくなことがなかったな……。これ以上、生きていても、何の意味があるんだろう？　もう、消えてしまいたい。いなくなりたい）

そんなことを毎日考えるようになり、次第に自殺したくなってきた。

ある日、宛てもなくふらふらと、多々良沼を訪れた。沼の畔にある駐車場に車を駐めて、水面を眺めていたという。たまたま祭日で、沼には釣り人の姿が多く見られ、ウオーキングをしている人や捕虫網を持って虫捕りをする子供たちの姿もあった。誰もが楽しそうで、自分がこの世で一番惨めな人間なのではないか、とさえ思えてきた。

と、そこへ――。

「うふふふふ……。あたし、カナちゃんよ」

沼のほうから、女の声が聞こえた気がした。奈央さんは、

（カナちゃんが、あたしを呼んでる）

急に頭の中がぼんやりとしてきて、足が勝手に動き出した。沼に向かって進んでゆく。元々、死にたいと思っていたせいか、恐怖を感じることもなかった。

しかし、そのとき、

「あれ、奈央さんじゃないか」

「奈央ちゃん！」

と、男女の声が呼びかけてきた。

振り向けば、かなり以前に働いていた会社の同僚たちであった。十数年ぶりの再会である。二人は奈央さんが退職したあとに職場結婚をしたのだが、最近、そろって会社を退職して商売を始めたのだという。

「ちょうど従業員が一人欲しいな、と思っていたところなんだ」

「良かったら、うちに来ない？」

まさかという偶然で、奈央さんは自殺を思い留まり、新たな職に就くこともできた。

彼女にとって命の恩人となった二人だが、多々良沼には長い間、来たことがなく、どういうわけか、この日に限って無性に行ってみたくなった、駐車場で車から降りると、奈央さんがいたのでびっくりした、とのことである。

参考資料　『SATO - NUMA』　https://sato-numa.jp/

多々良沼

里沼怪談

城沼

恋話とアメンボ（群馬県太田市、八王子丘陵の沼）

群馬県の八王子丘陵は、関東平野の北縁近くに突き出た低い山で、太田市と桐生市、みどり市に跨っている。最高地点は桐生市側の茶臼山《ちゃうすやま》で、標高二九三・九メートル。太田市側の標高はそれよりも低いものの、麓に山から湧き出る水を湛えた溜め池が点在している。名もない野池が多いが、菅塩沼や勝負沼といったように、〈沼〉と名づけられた止水もある。元は天然の沼があり、堤を築いて水を溜めたものかもしれない。

今から二十年ほど前の、春のこと。

太田市郊外に住む女性、恵《めぐみ》さんは、当時、高校生であった。その日は近くに住む同級生の女友達と、夕方近くに某沼の畔まで行ったそうだ。そこは岸辺に桜が沢山植えられていて、春には美しい花を観《み》ることができる。

二人は咲き乱れる桜の花を愛でながら、岸辺の道を歩いていた。

その沼は、周囲が五百メートルほどあった。岸辺に葦が茂っているが、視界は開けていて、堤の上にある道から水面を隅々まで見渡すことができる。

恵さんは歩きながら、女友達から恋愛の相談を受けていた。

女友達には、最近、好きになった少年がいるのだが、相手にはその気があるのかないのか、よくわからないので、どうしたら良いのか悩んでいる、とのことであった。

「そうねえ……」

恵さんは少しでも気の利いた助言をしようと、あれこれ思考を巡らせ始めた。

そのときである。

沼の向こう岸のほうから、不意に鴉《からす》の鳴く声が聞こえてきた。

それに釣られて、ふとそちらに視線を向けると、沼の畔に人影があることに気づいた。

同い年くらいの、髪の長い娘が、沼の畔に独りで佇んでいる。黒っぽいブレザーを着て、短めのスカートを履いていた。見覚えがないが、高校の制服らしい。

（あれっ……。あの子、何をしてるんだろう？）

桜の花を観ているわけでもなく、魚釣りをしているわけでもない。ただ、俯き加減に水面をじっと見つめていた。何となく表情が暗くて、元気がないように見える。

（大丈夫かな？）

恵さんは嫌な予感を覚えた。娘が沼に飛び込むのではないか、と思ったのだという。

だが、嫌な予感が当たって、次の瞬間、娘は足を前方に踏み出した。水面に向かって身を躍らせる——。

「わあっ！　大変！」

つい、大声を上げてしまう。

ところが、娘が水中に落ちることはなかった。その華奢な身体は水面に浮かんで直立している。そして足をまるで動かすことなく、水上をこちらに向かって、音も立てずに滑走してきたのである。

「何？　どうしたん？」

そちらを見ていなかった女友達が、訝しい顔をする。

「あれ！　あれを見てっ！」

恵さんは沼の上を指差した。

女友達がそちらに目をやって、「えっ！　ええええっ！」と素っ頓狂《すっとんきょう》な声を上げた。

かの娘は水面に立って、なおもこちらに移動してきた。

「ああ、あっ！」

「こっちに来る！」

二人は肝を潰して、その場から動けなくなってしまった。

しかし、水上の娘は岸辺まで数メートルの位置で立ち止まると、上体を前に傾け、両手を水面に突いて、四つ這いの姿勢になった。それからアメンボのように周囲五百メートルほどの沼を縦横無尽に駆け巡り始めたのである。

「カカカカカッ……」

娘は歯を剥き出しにして、奇妙な笑い声を立てていた。モーターボートのような途轍もない速さで沼をひと巡りしてくると、再び恵さんたちがいるほうへ接近してきた。

娘の顔は皺だらけになり、両目が吊り上がって、鬼女を思わせる面貌に変わっていた。

「きゃあああっ！」

恵さんと女友達は堪らず断末魔のような悲鳴を上げたが、それが良かったのか、身体を自由に動かせるようになった。

二人は後ろを振り返ることなく、死に物狂いで沼の畔から走り去った。

その後、二度とそこへは近づかないことにしているそうだ。

恵さんと女友達は、元来、怪異が〈見える人〉ではない。これまでに怪異を目撃したのは、二人ともこのときだけだという。

赤い夜（群馬県前橋市、赤城大沼《あかぎおの》）

群馬県前橋市の赤城大沼は、赤城山の標高一三四五メートル付近に存在するカルデラ湖である。周囲は四キロメートル、最深部の水深は十九メートルあるので、本来ならば山上湖に該当する。しかし、〈沼〉と名づけられている上に、現代では群馬県民をはじめ、多くの人々から観光名所として親しまれていること、マイカーで気軽に行けて、観光施設や別荘なども数多く存在していることから、本書では〈里沼〉に含めたいと思う。

なお、〈大沼〉の正確な読み方は「おの」である。

これは怪奇な体験が豊富で、私、戸神が主催するイベント「高崎怪談会」にも度々出演して下さっている、小池準さんが七年前に遭遇したできごとだという。

多趣味な小池さんは、埼玉県にある空手道場に定期的に通い、自身でも地元近くの群馬県甘楽郡甘楽町《かんらぐんかんらまち》で空手教室の指導員を務めている。

夏のこと。

空手道場の先生が妻子を連れて埼玉県からやってきて、一緒に赤城山へ行くことになった。同じ道場の先輩も一人参加したが、空手の合宿というわけではなく、赤城大沼の畔で釣りやキャンプをして遊ぶことになっていた。

夕食はバーベキューである。焼きたての肉や野菜を堪能するうちに日が暮れた。談笑していると夜が更けてきたので、先生と妻子はキャンピングカーの車内に泊まり、小池さんと先輩は明るいうちに張っておいたテントで眠ることにした。

その前に小池さんと先輩が大沼に目をやると、濃紺の夜空一杯に星が輝き、それが広い水面に映り込んでいた。天と地、双方で幾万もの星が煌《きらめ》いている。

「おおっ！　凄え星の数だな！」

「こんな景色、なかなか見られませんよね！」

二人は甚《いた》く感動しながらテントに入った。

そして、ほどなく眠ってしまったのだが……。

小池さんは、凄まじい大音響に目を覚まされた。

雷鳴が、激しく鳴り響いている。

(雷か⁉　さっきまで、あんなにいい天気だったのに……)

寝袋の横に置いていた腕時計を見ると、午前一時を過ぎた頃である。

雨音は聞こえなかったが、雨が降ってくるかもしれない。脱いだ靴が外に置いてあるので、それをテントの中に仕舞うことにした。

テントから出てみると――。

夜空が真っ赤に染まっていた。先程までとは一変して、星は一つも見えない。稲妻が走る。通常なら、白や黄色に見えるはずの稲妻までが、赤く光って見えた。

(こんなに赤い夜空は見たことがないぞ!)

雷鳴がけたたましく鳴り響く。雨は降っていなかった。

小池さんは大沼の水面に視線を向けた。当然、星は映っていない。その代わりに、岸辺から数十メートル離れた水上に人影が見えた。

着物を着た小柄な女らしい。

(まさか、そんな……)

女は、絶対に立てないはずの水面に立って、踊っていた。

(あれは、生きた人じゃないな!)

また稲妻が走る――。

女の全身――頭髪や両手、身に着けた着物――は、真っ赤に光っていた。長い髪を振り乱しながら、激しく踊っている。これまでに見たことのない、奇妙な踊りであった。

距離が離れていたせいか、乱れた髪に隠されていたのか、女の顔は確認できなかった。

（な、何なんだ⁉　まるで、この世の終わりの景色みたいじゃないか！）

またもや紅蓮の稲妻が走る。爆発音を思わせる雷鳴に合わせて、真紅に染まった世界で一心不乱に踊り続ける女――その舞踊は決して雅びや華麗なものではなく、鬼気迫る雰囲気《オーラ》を発していた。怪異を見慣れた小池さんでも、大沼に引き込まれそうな気分になる。

（駄目だ。あんな踊りを長く見ていたら、精神がやられてしまう）

小池さんは慌ててテントに逃げ込んだ。とはいえ、自らの靴と先輩の靴をビニール袋に入れて、テントの中に仕舞うことは忘れなかった。そしてテントのジッパーを閉めるや、疲れていたせいか、麻酔でもかけられたように眠ってしまったそうである。


目が覚めると、外は薄明るくなって、雷はやんでいた。

テントから出てみたところ、夜が明けてきたばかりの頃で、水上に女の姿はなかった。

（夢だったのかな？）

そう思ったが、初めにテントに入ったときには外に脱いであった靴が、ビニール袋に収めてテントの中に入っている。それで深夜に見た光景が現実だったことを悟った。

三十分ほどして先輩が起き出してきたので、深夜のできごとを話したところ、

「その女は、赤城姫だったんじゃないか？」

と、先輩が言い出した。

赤城姫とは、五世紀前半の頃に無実の罪を着せられて上野国《こうずけのくに》へ流された公家、高野辺大将家成の次女と伝えられている。彼女は、家成の留守中に継母から命を狙われたため、赤城山へ逃げ込み、大沼の主である龍神に導かれて入水し、女神になったという。

「なるほど……。そうかもしれませんね。悪霊じゃなかったみたいで、良かったです」

小池さんは安堵の溜め息を吐いた。

先輩だけでなく、先生や妻子も熟睡していて、深夜の異変には気づいておらず、誰もが雷鳴さえ聞いていなかったそうである。

「変ですねえ。あんなに凄い音が続いてたっていうのに……」

小池さんが首を傾げると、

「俺も見てみたかったなぁ、赤城姫。……小池君、何で起こしてくれなかったんだい」

先輩が苦笑しながら、残念そうに言った。

参考資料
『淵名姫、赤城姫、伊香保姫 ―上野神話（こうづけしんわ）を彩る三女神―』佐藤喜久一郎
https://www.library.pref.gunma.jp/wysiwyg/file/download/164/4339

○

この話には、後日談がある。

私、戸神は、二〇二三年九月に小池さんからこの話を聞き、書籍に収録できる内容と判断して、同年十月二十八日（金）の午後から作品化に取りかかった。高崎市内の自宅で、いつものようにパソコンに向かい、ＭＳ－Ｗｏｒｄを起動させて原稿を書き始めた。その第四ページ一行目（本書では第一二六ページ一行目に当たる部分）、

『（な、何なんだ⁉　まるで、この世の終わりの景色みたいじゃないか……）』

この独白部分は当初、次のように書いていた。

『（な、何なんだ⁉）

まるで、この世の終わりの景色のようであった。』

ところが、何の前触れもなく、異変が発生した。

『**ま**るで、この世の終わりの景色のようであった。』

と、『ま』の文字だけが赤くなり、それを黒字に戻すことも、削除することもできなくなってしまったのだ。もちろん、文字の色を変える操作など、一切していない。しかも、この

行とそれ以降の行には、文字を打ち込むことができなくなった。これよりも前の行に文字を追加しようとすると、打ち込むことはできるが、すべて赤字になってしまう。

何とか修正したくて色々と試みたものの、どうすることもできず、時間ばかりが過ぎてゆく。そこで一旦、原稿を保存し、ＭＳ‐Ｗｏｒｄを閉じてから再開してみた。だが、やはり『ま』の文字だけが赤く表示され、同じ状態から抜け出すことができなかった。

これでは執筆を続けられない。

すっかり閉口させられたが、原稿のコピー＆ペーストだけはできることがわかった。そこで全文をコピーし、一度テキストファイルにペーストしてから、文章の一部を修正した。その後、新たにＭＳ‐Ｗｏｒｄを起動させて、テキストファイルからコピーした全文を入れ直すことで、これまでに書いた原稿が駄目になることはなかったのだが……。

実は、全文をコピーした際にも異変が発生していた。コピーを終えた途端、原稿全文が黒字から赤字に変わったのだ。その上、真っ赤に染まったすべての文字に『**~~赤い夜（群馬県前橋市、赤城大沼）~~**』といった具合に、取り消し線が引かれていたのである。

こんな現象が起きたのは、二十数年もＭＳ‐Ｗｏｒｄを使ってきて、初めてのことであった。単なるパソコンの誤作動が偶然、この日に限って起きたのか、それとも怪異が接近してきたことで発生した現象なのか、未だに真相はわからずにいる。

赤城大沼

ウェーダーの釣り人（群馬県高崎市）

爬虫類や両生類、魚などが好きな十代後半の男性ユウキさんから聞いた話である。私と同じく群馬県在住のユウキさんは、いつも地元周辺の山や湖沼へ友人と出かけては、生き物の観察や採集をしているという。

中学一年生だった頃、夏休みに祖母が運転する車に友人と一緒に乗せてもらい、高崎市郊外の山の中にある止水へ出かけた。そこは溜め池なのだが、呼び名がないことと、群馬県では溜め池でも止水を〈沼〉と呼ぶ例が多いことから、〈里沼〉として取り上げたい。

その沼には過去にも何度か行ったことがあり、ブラックバスやブルーギルが釣れるため、釣り人が来ていることも多い。しかし、この日は猛烈な暑さの日中だったせいか、到着するとほかに車は駐まっておらず、釣り人の姿はなかった。ユウキさんと友人は、それを良いことにそれぞれタモ網を手にして、岸近くにいる小ブナやモツゴ（クチボソ）などの小魚を掬っていった。祖母は、エアコンを掛けた車の中で読書をしていた。

しばらくして、友人が対岸を指差しながらこう言った。

「向こう岸に、釣りをしてる人がいるよ」

ユウキさんがそちらに目をやると、腰まであるウェーダーを履いて、長袖Tシャツとポケットが沢山ついたベストを着た男の姿があった。帽子を被って、偏光サングラスを掛けている。そのため、正確な年の頃はよくわからなかったが、背恰好からして子供ではないし、老人にも見えなかった。太腿まで水に浸かって、ルアーを投げていたという。

(あれ？　車がないのに、人がいたんだ)

ユウキさんは意外に思ったが、気にせずに魚捕りを続けた。蛇が好きな彼は、

(ヒバカリでもいないかな？)

と、沼の畔の草むらも注視していた。

ヒバカリとは、体長六十センチ前後の、ほっそりした小型の蛇で、水田や沼地、河川などの水辺やその周辺の森などにいて、オタマジャクシや小魚を捕らえて食べる。名前の由来は『猛毒があって、噛まれたら命はその日ばかり』という迷信から来ているらしい。実際には無毒で、性格もおとなしい蛇である。

だが、蛇は餌となる動物を探して常に移動する狩人なので、狙って探すとなると、見つけられないことが多い。この日もヒバカリと出会うことはできなかった。

バシャバシャッ！　バシャアッ！

突如、大きな水音が聞こえてきた。対岸のほうからである。

そちらを見れば、大きな魚が水面に浮上していた。水音は魚が跳ねたり、尾鰭《おびれ》で水面を打つ音であった。先程の釣り人が大物を釣り上げたのだ。釣り人はいつの間にか陸地に上がっていて、岸近くへ引き寄せた魚をタモ網に収めるところまで確認できた。

遠目には魚の種類まではわからなかったが、一メートルはありそうなので、そこまで大きくならないブラックバスやブルーギルではなく、野ゴイのようであった。

「凄えなぁ！」

「この沼の主じゃないのか!?」

「行ってみよう！　近くで見せてもらおうぜ！」

「そうだな！　あんなでっけえ魚、滅多に見られねえもんな！」

ユウキさんも友人も、まるで自分が釣り上げたかのように興奮していた。タモ網と小魚が入ったプラケースはその場に残して、すぐさま沼の対岸へと走り出した。

対岸といっても、大きな沼ではないので、一分もかからずに到達できる。ただ、途中に木が生えていて、ほんの一瞬、対岸が見えなくなる場所があった。そこを駆け抜けて、対岸に再び目をやると――。

そこには釣り人の姿も、釣り上げたはずの大魚の姿もなかった。

「ええええっ！」

二人は同時に叫んでいた。

対岸に着いたが、誰もいなかった。辺りを見回してみたものの、つい先程まで大魚と格闘していた男の姿も、大魚の姿も見当たらない。

魚釣りをしたことがある読者なら、わかると思うが、釣り場の近くには荷物が置いてあったり、大きな魚を釣り上げたときには岸辺の水が泥濁りになっていたり、地面が濡れていたりするものだ。しかし、それらの痕跡は何一つ確認できなかった。消えた、というよりも、初めから何もいなかったかのように見えたという。

仮に釣り上げた魚をすぐに沼へ放したとしても、釣り人はまだ近くにいるはずである。だが、辺りにはまるで人けがなかった。ユウキさんと友人は困惑した。そして沼の畔には、祖母の車しか駐まっていなかったことを思い出した。

「あの人、一体、何だったんだ!?」

友人が叫ぶような声で言う。

ユウキさんは急に激しい寒気を感じた。それればかりか、足が滑って沼に落ちそうになる。

「危なかった！　沼に引き込まれそうだった……」

「もうやめよう。今日は引き揚げようぜ」

慌てて車に戻ると、祖母も何気なく本から目を離したときに、対岸に釣り人がいるのを

目撃していたそうだ。ユウキさんたちの話を聞くと、

「あら、やだよ！　本当にいないね！」

と、目を丸くしていた。

ユウキさん曰く、

「その沼はアクセスが悪くて、歩《ある》って行けるような場所ではないんです」

とのことである。

ちなみに、余談になるが、群馬県の方言で『歩いて』を『あるって』という。

私、戸神は、若い世代が地元の方言を受け継いでくれていることをうれしく思った。

蛙沼の主（群馬県安中市、通称　蛙沼《かえるぬま》）

群馬県南部にお住まいの女性、戸田さんは小学一年生から四年生の頃にかけて、よく安中市にある母方の祖母の家に泊まりがけで遊びに行っていた。一九六〇年代後半のことである。祖母の家には、幾つか年上の従兄、良一と孝二の兄弟が同居していて、近くの里山や小川で一緒に遊ぶのが楽しみだったという。

けれども、大人たちから「あそこへは絶対に行ぐないな《なよな》」と立ち入りを禁じられていた場所があった。真の名称は不明だが、従兄たちはその止水を〈蛙沼〉と呼んでいた。立入禁止の場所ほど魅力的に思えるもので、戸田さんは従兄二人と、大人たちには内緒で何度かそこへ遊びに行った。

周りは雑木林と草むらになっていて、まともな道はない。雑木林の中を進むと、じきに景色が開けて沼の畔に出る。溜め池として造られたものが放置されていたのかもしれない。〈蛙沼〉は、楕円形をした、長径十メートル、短径五メートルほどの小さな止水であった。水はいつも濁っていて、底が見えなかった。

夏休みに入ってすぐのこと。祖母の家に泊まりに行った戸田さんが、従兄たちに連れられてそこへ行ってみると、岸辺の葦が生えた水中に蛙の卵塊《らんかい》が産みつけられていた。厖大《ぼうだい》な数の黒い卵が、透明の粘膜に覆われて浮かんでいる。それが岸辺一帯にシートでも張ったかのように、沼のぐるりを埋め尽くしていた。

「気持ち悪い……」

戸田さんは我慢できず、そう呟いた。これまで従兄たちと元気に野山を駆け回って遊んできたが、今度ばかりは怖気《おじけ》づいてしまい、水際まで近寄ることができなかった。

「ここには主がいるんだ」

と、三つ年上の良一が言う。

「主って、何？」

「それは俺にもわからねえ。でも、何かでっけえ生き物がいるんだ。だから、子供だけで来ちゃあいけないって、父さんや母さんや祖母ちゃんが言ってるんだいね」

「えっ！　そんなのを釣って、大丈夫なの？　沼に引き込まれたらどうするん？」

「なあに、大丈夫さぁ！　今日こそ俺が釣ってやらあ！」

良一は、竹藪から選んで伐り出した竹で自作した、延べ竿を手にしていた。竿には道糸が取りつけてあり、ウキはないが、鉤《はり》や錘《おもり》がついている。地面を掘って大きなミミズを見つけると、鉤に突き刺して餌にした。

良一は竿を手にし、ミミズをつけた仕掛けを沼に放り込んで、釣りを始めた。

戸田さんと一つ年上の孝二は、しばらく釣りの様子を眺めていたが、なかなか釣れないので退屈になり、畔の草むらにいるバッタや飛来するトンボを捕まえることにした。そうやって遊ぶうちに日が傾いてきて、夕方になった。

突然、大きな水音が響いた。何だろう、と戸田さんが振り返れば、沼の中央辺りの水面に、やけに大きな波紋ができている。

「蛙じゃねえな、あれは！」

釣りをしていた良一が言う。

「何でわかるの？」

「波紋がでか過ぎる。きっと、この沼の主だんべえ！」

「主って、魚なん？」

「わからねえ。ちょうど餌をつけ替えてたところで、沼のほうは見てなかったんだ」

そこへ近くから、グオオオオンッ！　グモオオオオッ！　という大きな鳴き声が聞こえてきた。戸田さんにとっては、初めて聞く動物の鳴き声であった。当時、この辺りにはまだ土葬の墓地があって、人魂《ひとだま》が出るとか、狐狸《こり》に化かされた人がいる、といった話を祖母から聞かされていた。戸田さんは震え上がってしまったという。

「ねえ！　ここ、怖いよ！」

「兄ちゃん、もう帰《けえ》るべえよ！」

戸田さんと孝二はそう言って、後退を始めた。

「しょうがねえなぁ！」

良一も釣りをやめて最後尾に続いた。まだ帰りたくなかったようで、仏頂面《ぶっちょうづら》を下げて追いかけてくる。この日はそのまま逃げ帰ってきたのだが……。

「昨日聞いた鳴き声な、ありゃあ、食用ガエルの声だ」

翌朝になると、良一がそう言い出した。食用ガエルとは、ウシガエルのことである。大正七年（一九一八年）にアメリカから食用として持ち込まれた外来種で、牛が鳴くような大声で鳴くのだが、市街地でその声を耳にする機会は少なく、初めて聞いた者は驚かされることが多いのだ。

「いま一度、〈蛙沼〉へ行ってみべえ《みよう》。ハア鳴《もう》き声の正体はわかったし、昼間なら、おっかねえ《こわい》ことはねえ《はない》だんべえ《だろう》」

良一からそう言われると、断れなかった。戸田さんと孝二は、行きたくないな、と思いつつも、仕方なく同行することにした。

この日は同じ集落に住む、良一の親友の紀彦という少年も同行することになった。紀彦も釣り竿を持ってきたそうだ。

こうして、その二人が沼に釣り糸を垂れることになり、昨日と同じく暇になった戸田さんと孝二はバッタやトンボを追いかけて遊ぶことにした。そうこうするうちに――。

「来た来たっ！　でかいぞっ！」

と、良一の大声が聞こえてきた。

戸田さんがそちらに目をやると、延べ竿が大きく撓《しな》っていた。良一が色めき立っている。竿を持つ手に、いや、総身に力が込められているのがわかった。水面に視線を向ければ、道糸が縦横に走っている。

「主が掛かったん⁉」

「たぶんな！　でっけえぞ！」

延べ竿は今にも折れそうに見えた。何しろ、細い竹で自作した粗末な代物である。それどころか、道糸も細いので先に切られそうだ。

「よし！　手を貸さあ！」

紀彦が釣りをやめて、周りの地面を物色し始めた。

「あったあった！　こいつをぶっつけてやりゃあ、主でもひとたまりもねえだんべえ！」

紀彦が大きな石を見つけた。彼は小学生とは思えないほどの怪力で、石を頭上まで持ち上げると、道糸の先を狙って投げ込んだ。焦げ茶色に濁った水面から、大きな水飛沫が上がる。水飛沫は皆の顔や衣服にまで飛んできた。

だが、同時に従兄の延べ竿から力が抜けて、撓りが失われた。道糸が切られたのである。

そこで忽然と、〈蛙沼の主〉との戦いは終わってしまった。

紀彦の援護はわずかの差で間に合わなかったのか？　あるいは石が命中しなかったのか？　はたまた石は水中の主に当たったけれども、通用しなかったのか？　真相はわからなかったが、とにかく主が弱って浮上してくることはなかった。

「ああっ、くそっ！」

「逃げられたかぁ……」

良一と紀彦は悔しそうに水面を見つめていた。しかし、いつまで経っても、主が浮上してくることはなかったという。

道糸が切れて、鉤や錘まで失ったことから、良一はこの日の釣りを断念しなければならなかった。紀彦だけが釣りを続けたものの、結局、何も釣れずに終わった。

ところが、それだけでは済まなかった。

紀彦が後日、行方知れずになり、家族や集落の人々が手分けして捜した結果、〈蛙沼〉に浮かんで水死しているのが発見されたのだ。警察は殺人事件の可能性を疑ったが、何者かが沼に突き落とした、という証拠は発見されず、逆に一人で〈蛙沼〉のほうへ向かう紀彦の姿が集落の人々に目撃されていた。そして、道糸などの仕掛けがついた延べ竿が岸辺に落ちていたことから、転落事故による溺死と判断されたそうである。

親友を失った良一は大きな衝撃を受け、何日か寝込んでしまった。それ以来、良一と孝二だけでなく、集落の子供たちは誰一人として〈蛙沼〉へ行かなくなった。

戸田さんは、次に祖母の家を訪れたときに、青ざめた顔をした良一から一部始終を聞かされた。

「きっと紀彦は、主に石をぶっつけたんで、祟られたんだ。沼におびき寄せられて、引き込まれたんだよ。俺は主を釣り上げようとしたけど、石をぶっつけて殺そうとまではしなかった。だから、助かったんじゃねんかな《ないかな》」

戸田さんは、以前にも増して〈蛙沼〉に畏怖の念を抱くようになった。同じ話を祖母や伯父や義伯母《おば》も暗い顔をして語っていたので、

（良ちゃんが嘘を言って、あたしを怖がらせてるわけじゃないんだわ）

と、子供心に悟ったそうである。

もちろん、戸田さんも二度と〈蛙沼〉を訪れることはなかった。

だが、大人になってからどういうわけか、戸田さんは〈蛙沼〉のことを懐かしく思うようになった。その頃になると良一と孝二は、仕事の都合で実家を出ており、祖母は既に病没していた。それでも、無性に行ってみたくなり、一人で探してみたという。

しかし、沼があったはずの辺りへ行っても、雑木林が続いているだけでどこにも沼は見当たらず、形跡すらなかった。そうなると、余計に気になってきて、何度か現地を訪れて探してみたのだが、ついぞ発見することはできなかった。

（埋め立てられちゃったのかな……）

のちに伯父と義伯母も亡くなって、かの家も取り壊されてしまった。従兄二人は年老いたが、健在である。義伯母の法事の際に、戸田さんは久しぶりに彼らと再会できたので、〈蛙沼〉の話をしてみたそうだ。

「あの沼って、もうないの？　全然、見つからないんだけど」

すると、意外な答えが返ってきた。

「そんな沼、あったっけ？」

二人とも〈蛙沼〉のことは覚えていない、というのである。

そこで、沼で溺死した紀彦のことを話すと、

「ああ、紀ちゃんか」

「あいつ、かわいそうだったいなぁ」

今でもよく覚えているという。ところが、

「自分んちの池で溺れ死ぬなんてなぁ」

「事故だっていうけど、なから《かなり》変わった死に方だったいなぁ」

紀彦は〈蛙沼〉ではなく、自宅の庭にあるコイを飼っていた大きめの池で溺れ死んでいた。事件性はなく、夏の暑い日に池でコイと泳いで遊んでいて、心臓麻痺を起こした、とのことである。

「そんな……。じゃあ、あたしの記憶って、何だったんだろう……？」

戸田さんは、今でも不思議に思えてならないそうだ。

線路沿いの沼（埼玉県）

　霊能者で浄霊師の江連美幸さんが提供して下さった話である。江連さんは一年余り前に、知り合いで埼玉県出身のタツジさんという七十代の男性から、こんな話を聞いたそうだ。

　昭和三十年頃。タツジさんは、まだ小学校低学年であった。

　当時、埼玉県の某鉄道線路沿いに、Y沼が存在していた。田畑が広がる農村の中にあり、一見のどかな場所なのだが、遠い昔に殺人事件が起きた現場が近くにあって、そのせいか、地元の大人たちの間では、「あの沼へ行くと、物悲しい気分になる」「嫌な感じがする場所だ」などと、悪く言う者が多かったらしい。

　その頃、少年たちの間では、近くの川や沼、溜め池などでの雑魚《ざこ》釣りが流行っていた。雑魚とは、コイ科のマブナ（キンブナ、ギンブナなど）の子、ウグイ、オイカワ、モツゴ（クチボソ）、モロコなどのことで、昨今は〈小物〉と呼ばれることも多い。

　しかし、雑魚も佃煮や甘露煮にできるし、足繁く釣り場に通っていると、大物のコイやナマズ、ウナギが釣れることもある。持ち帰れば貴重な食料として家族からとても喜ばれ、褒められたという。それがうれしくて、ますます釣りに嵌まっていったそうだ。

秋の土曜日のこと。

学校が半ドン（昼まで）で終わって、タツジさんは午後からいつものように仲間たちと釣りに行こうとした。けれども、この日に限ってどういうわけか、四、五人いた釣り仲間が全員、今日は行けない、と断ってきた。

（ちぇっ。つまらないなぁ）

タツジさんは、やむなく独りで出かけることにした。

（そうだ！　どうせなら、今日はY沼まで行ってみよう！）

タツジさんは、まだY沼には釣りに行ったことがなかった。家から距離が少し離れていたためだが、行ったことがある釣り仲間からは、「よく釣れる場所だ」「坊主（不漁）になったことがない」と聞いていた。

タツジさんは釣り具一式を持って、自宅を出た。当時、この辺りの子供たちが使っていたのは、長さ三メートル余りの竹の延べ竿である。村内にある竹藪から伐り出してきた竹を火で焙ってから、乾燥させたものだ。それを担いで、隣の畑で農作業をしていた母親に、

「おかあ！　釣り行ってくんよ！」

と、声をかけて出かけようとしたのだが、母親に呼び止められた。

「どこいん《いくの》だ？」

「Y沼へ行ってくる」

そう言った途端、母親の顔が急に青ざめて、これまでに見せたことのない、険しい表情になった。

「どしたんな、おかあ？」

母親は畑仕事を中断して、両手についた土を軽く払い落とすと、こちらに歩み寄ってきた。タツジさんの肩を掴み、顔を近づけてくる。

「いいか。Y沼には行っちゃなんねぇ」

「何で？」

「あそこはさ……」

「何だい？」

「モウが出るんだ」

「モウ？　モウって、牛のこと？」

母親が首を横に振った。

「お化けのことだよ。……いいか。Y沼へ行くとな、モウに連れてがれんだよ。だから、怖えから行っちゃなんねぇよ。約束してくんど。あっこには行がねえ、って」

タツジさんは腑に落ちなかったものの、母親の説得に逆らえず、頷いていた。

「わかったよ。行がないよ」

母親に約束し、近くの小川へ行く、と告げて、その場から立ち去った。だが、禁じられたことほど逆にやりたくなるもので、どうしてもY沼へ行きたくなっていた。

(黙っていれば、わからないだろう)

タツジさんは母親との約束を破り、Y沼へ向かうことにした。

徒歩なので、Y沼までは三十分ほどかかって到着した。初めて行ったのだが、線路沿いにあることは聞いていたので、道筋はわかりやすかったという。

Y沼は、周囲が一五〇メートルほどの楕円形で、空き地と田畑に囲まれていた。空き地は雑木の疎林と草藪に覆われている。ほかの釣り人はいなかった。悪い噂がある場所なので、訪れる釣り人は少なく、それで魚もスレていなかったらしい。もっとも、当時のタツジさんは、そこまでの事情は知らなかったそうである。

落ち葉が堆積した地面を掘って、餌のミミズを見つけると、釣り針にチョン掛け(餌の一部分だけを引っ掛けるように刺すこと)につけて、竿を出す。雑魚ばかりだが、魚が次々に釣れた。二時間ほどで持参した魚籠《びく》の中は魚で一杯になった。

日が西の空に傾いてきた。夕暮れが近づいている。そろそろ家に帰らなければならない。

(もう一尾釣れたら、おしまいにしよう)

そう思っていると、突然、プワアッ！　と汽笛が鳴った。

沼のすぐ横を線路が通っているので、列車が汽笛を鳴らしたのだろう、とタツジさんは気にせずにいた。カンカンカン……と、踏切の遮断機が発する警告音も聞こえてきた。

少し先に踏切があって、沼の畔からも見ることができる。タツジさんがそちらに目をやると、確かに遮断機が下りていた。

しかし、列車は一向に見えてこない。列車が走るときに発する轟音も、なかなか聞こえてこなかった。遮断機の警告音が聞こえ始めてから、五分以上が経過した頃になって、タツジさんはようやく不審に思い始めた。

（おや？　おかしいな。幾ら何でも、長過ぎないか？）

見れば、遮断機はまだ下りたままになっている。依然として列車は来ない。

気になって踏切に向かって目を凝らすと、線路の上に異様なものが見えた。何やら黒い塊があって、同じ場所から動かずにいる。黒煙のようにも見える、大きなものであった。

（何だろう、あれは？）

不気味ではあるが、好奇心が上回っていた。どんなものか、確認したくて線路に上がり、近づいてゆくと……。

それは横幅も高さも三メートルを超える黒い煙で、ゆっくりと渦を巻いていた。そこから何本もの、人間の手足や首が突き出して蠢《うごめ》いている。タツジさんに気づいたらしく、こちらに向かって進んできた。

「うっ、うわあああっ！」

叫び声を上げながら、タツジさんは線路の盛り土から転げ落ちるようにして、無我夢中でY沼まで駆け戻った。

(あれが……アレなのか！　おかあが言ってた、モウなのか⁉)

急に走ったので、胸が苦しい。急いで釣り竿と魚籠を回収する。

そのとき、つい先程まで静かだったはずの水面が、急に大きく波立ち始めた。

(風もねえのに……何だや⁉)

薄暮の中、水面から自分の足元にかけて視線を向けると——。

多数の人影が、水際から半身を覗かせて、タツジさんの両足を掴もうと手を伸ばしていた。いずれも全身が泥だらけで、腐敗しているのか、男とも女ともつかない崩れた姿をした、裸の人影であった。

「わあああっ！　殺されるうっ！」

タツジさんは死に物狂いで走り出した。そこから家までどうやって帰ったのか、一切の記憶がないという。我に返ると、全身がびしょ濡れになって、自宅の土間にひっくり返っ

ていた。近くで母親の声がする。母親は怒りもせず、ただ悲しげな顔をして、

「だから、あんだけY沼には行ぐな、って言ったんに……」

タツジさんを助け起こし、背中を擦《さす》ってくれた。

「あんときのな、Y沼から這い出してきたモウの顔とな、線路を走る黒い煙の気味悪さは、未だに忘れらんねぇんだ」

と、タツジさんは江連さんに真顔で語った。

おかしなもので、あれほど慌てて逃げ帰ったのに、大事な釣り竿と魚が入っていた魚籠は持ち帰れたようで、自宅の玄関先に転がっていたそうだ。

なお、後になって知ったことだが、Y沼周辺では殺人事件のみならず、線路の建設工事中に事故が発生して、多くの犠牲者が出ていたらしい。

Y沼はその後、残念ながら埋め立てられてしまい、現在はメガソーラーの建設地になっている。周辺の疎林や田畑も新興住宅地に変わった。だが、件《くだん》の線路では事故や自殺で死亡する者が後を絶たず、メガソーラーの所有者は熱中症で突然死を遂げ、新興住宅地の住人たちも病気に罹る者が多いという。

絶滅危惧種の楽園（埼玉県）

東京都郊外に住む三十代の男性、神崎さんは、里山の失われた自然を回復させるボランティア団体に参画し、活動している。

神崎さんは日頃から地図を眺めるのが好きで、その日も埼玉県の地図を見ているうちに気になる場所を発見した。そこは深い山林の奥に沼らしきものが描かれている。本来ならば天然の湖沼は、地面が窪んだ土地に存在しているものだ。しかし、この沼は丘陵地帯の尾根筋にあるらしい。こんな地形は噴火口くらいしか有り得ないものだが、そこは火山ではない。そうだとすると、人工的な止水なのであろう。

（どんな場所なのか、この目で見てみたいものだ）

興味を覚えた神崎さんは、五月の休日に同じ団体の先輩たちと探索に赴くことにした。

装備を万端に整え、いよいよ当日。

神崎さんを含む男性三名は、照葉樹林と呼ばれる、カシやシイなどの常緑広葉樹に覆われた丘陵に足を踏み入れた。そこは標高こそ低いものの、人が定期的に木々を伐採する雑木林や針葉樹の植林地とは異なり、鬱蒼としたジャングルが広がっていた。

途中までは林道が続いていたが、徐々に道が草に埋もれて、判然としなくなってきた。そこでスマートフォンのＧＰＳ機能と方位磁針、紙の地図を駆使して、方角と地形の高低差を調べながら前進を続ける。正確な場所へ行き着くには、足腰だけでなく頭脳もかなり使う必要があった。

森の中は昼間でも薄暗い。常緑広葉樹は木々の葉が分厚いため、日光を通し難いからである。それに加えて次第に笹が多くなり、より鬱然としてきた。地面に目をやると、鎧を着たような姿をしたヤスデが、笹の落ち葉の上を這っていた。ヤケヤスデである。

獣が掘ったものと思われる大きめの穴があった。アナグマの巣だろうか？

森の中は湿度が高かった。地面のあちこちが苔に覆われている。首に巻いたタオルで噴き出す汗を拭きながら、藪漕ぎを続けて進むうちに豁然と、止水が目の前に現れた。

大きさは東西に三十メートル、南北に四十メートルほどで、ほぼ長方形をしている。

「こりゃあ、やっぱり溜め池だなぁ」

先輩の一人が言う。

雨水が溜まるように設計された人工の止水のようである。ただし、一般的な溜め池は岸辺から急に深くなっていることが多いが、ここは周りの土砂に埋められたのか、岸近くの水深は浅い。水草が茂っていて、水面の上空には数多くのトンボが飛び交っていた。人工物とはいえ、何十年もの間、まったく人の手が入っていなかったらしい。やがて〈準絶滅危惧種〉が一行の近くに飛来した。

「ムカシトンボだ！」

ムカシトンボは、日本にしかいない固有種で、体長は五十ミリほどの、オニヤンマを小さくしたような外見のトンボである。近縁種もヒマラヤと中国の一部にしか生息していない。中生代の地層から発掘されたトンボの化石と似た特徴を持つことから、〈生きた化石〉と呼ばれている。渓流の周辺に棲む種なので、近くの谷から飛来したのであろう。止水の周りを探索すると、古い石組みの遺構や廃棄された巨大なゴムチューブが見つかった。かつては麓の集落に水を送る配水池だったのだろうか？　その起源は定かでないが、人に荒らされていない止水は、今や天然の沼に近い状態で、水生昆虫の楽園となっていた。

神崎さんをはじめとする一行は、苦難の末に辿り着くことができた絶景にしばしの間、見惚れていた。写真を沢山撮ったが、カメラのレンズが度々曇ってしまうほど、湿度が高い場所であった。

その後、一行は沼から離れて、木々や笹が少ない場所まで移動すると、地面にシートを敷いて昼食を食べることにした。近くに樹種はわからないが、立ち枯れの大きな広葉樹が一本あり、キツツキに穿孔《せんこう》されたのか、上から下まで穴だらけになっていた。どこか骸骨を思わせる、不気味な枯れ木である。だが、誰も気にしてはいなかった。神崎さんも気にすることなく、コンビニで買ってきたおにぎりを頬張り始めた。

「あそこなら、タガメやゲンゴロウもいるんじゃないか？」

「ああ。きっと、絶滅危惧種の昆虫たちの宝庫だよ」

「今度、ちゃんとした調査に来ましょうよ」

などと、先程の沼のことを話して盛り上がっていたという。

まさに、その真っ最中であった。

出し抜けに、ドガアアアンッ!!

と、爆音が響き渡った。それに続いて、
メリメリメリメリ……ドオオオオンッ!!

大木が倒れたような大音響とともに、地面が激しく揺れた。

「何事だっ!?」

「地震かっ!?」

「いや、でっかい木が倒れたんじゃないですかっ!?」

神崎さんはてっきり、骸骨のような枯れ木が倒れたものと思ったそうだ。

しかし、その木は変わることなく立っている。ほかにも倒れた木は見当たらなかった。

「おかしいな……。雷だったのかな？」

「いや、違うだろう。稲光が見えなかったから……。それに、すぐ近くで音がしたよな」

「ですよねえ！　地面も、ちょっとの間だったけど、物凄い揺れ方をしましたよね！」

三人とも生まれて初めて体験した現象で、気味が悪くなってきた。別の場所へ移動してから、昼食の残りを食べることにした。その移動中も周りを見回したが、倒れたばかりの大木は見当たらなかったという。

神崎さんは帰宅してから、気になって地震の有無を確認してみた。するとこの日、埼玉県内はもちろんのこと、日本全国でも大きな地震は発生していないことがわかった。

さらに調べてみたところ、あの現象は〈朽木倒し〉や〈天狗倒し〉と呼ばれ、古い文献によく記載されていることを知った。それに、必ずしも昔話というわけではなく、近年でも猟師や林業に従事する人々が稀に体験することがあるらしい。

（へええ！　今でもこんなことが本当にあるんだなぁ！）

神崎さんは現地で体験した際には驚駭《きょうがい》したものの、珍しい体験ができたことをうれしく思うようになった。あの沼が、ますます貴重な存在に思えてくる。そこで、人里にあるものではないが、仲間内だけの〈心の里沼〉として、これからも大事に見守ってゆきたい、と考えるようになったそうである。

〈特別枠〉について

本書の取材を続けるうちに、困った事案が発生した。取材を始めた当初は『里沼怪談』と題する以上、できるだけ現地で〈沼〉と呼ばれている止水を舞台にした話だけで、一冊にまとめたいと考えていたのである。そして、てっきり〈沼〉は日本全国に存在しているものだと思い込んでいた。私の地元である群馬県や南隣の埼玉県には、〇〇沼と呼ばれる止水がごく普通に多数存在しているからだ。

ところが、いざ調べてみると、西隣の長野県では非常に少なくなり、北隣の新潟県では見つけることができなかった。ちなみに、〇〇沼や沼〇〇という地名があっても、止水がない場所は〈里沼〉ではないので除外している。地名は、その土地を治めた領主の名や、住民の職種や経歴に由来することがあり、止水とは無関係な傾向がよく見られるからだ。〈沼〉が多いのは、北海道から日本海側では東北地方の山形県まで、太平洋側では関東地方の千葉県北部が南限で、内陸では群馬県から埼玉県が西限となり、それ以外の関東地方南部や中部地方以西ではその数が激減する。代わりに〈池〉と呼ばれる止水が大多数を占めるようになるのだ。

例外として滋賀県の琵琶湖周辺や長崎県の一部などに〈沼〉と呼ばれる止水が点在しているが、ほかの府県では極めて少ない。ほとんど存在していないものと思われる府県も数多く見られる。例えば、怪異スポットとしても有名な京都府の深泥池《みぞろがいけ》は、典型的な里沼の条件を供えているものの、〈池〉と呼ばれている。

もっとも、SNSや地図を使った調査なので、地元だけで密かに〈沼〉と呼ばれている止水が少しは存在しているのかもしれないが、いずれにせよ、〈沼〉は東日本に多く、西日本では少ないことがわかる。どちらが良いとか悪いとかいう問題ではなく、東西における言語文化の違いであろう。

そのため、当初のルールだと、本書で書ける地域は自ずと限定されてしまう。しかし、SNSを使って相互フォローの皆様に情報提供を呼びかけたところ、〈沼〉がなさそうな地方での体験談も寄せられるようになった。それだけ〈沼〉と〈池〉は同じものと考えている向きが多い、ということなのだろう。

とはいえ、〈里池〉を『里沼怪談』と呼ぶわけにもいかないため、○○池や○○湖、○○潟などと呼ばれている止水の話は除外せざるを得ないが、地元の住民でも呼称を知らない名もなき止水は、どの地方にも存在している。それは〈沼〉とも〈池〉ともいえないことから、里沼としての要素を備えている場合は、〈特別枠〉として収録したいと思う。

介護施設の修行者（神奈川県）

ここからは〈特別枠〉の話を五話、収録してゆきたい。

神奈川県在住で四十代の男性、岩野さんは特別養護老人ホームの介護職員として働く傍ら、古神道《こしんとう》に興味を持ち、道場に通って修行に励んでいる。

神奈川県は東京都と同様に、関東地方にありながら、○○沼と呼ばれる止水が極端に少ない。けれども、よく調べてみると、『かつては○○沼が存在した』とか『以前、この辺りには沼が多かった』といった話を耳目にすることはあるので、おそらく干拓工事によって消滅した沼が多いことや、何らかの理由で名称が変更された止水があるのではないか、と推測される。

実際に、岩野さんが働く老人ホームは、山と山に挟まれた谷間に建てられていて、そこにはかつて沼があったが、現在は埋め立てられて多くの土地が住宅になり、一部は草が茂った空き地になっているそうだ。

その老人ホームは、崖を削って建てられた五階建てで、正面玄関は四階にある。地盤が緩い土地で、大雨のあとに近くで小規模な土砂崩れが発生したことがあった。鎌倉時代までは、浅い海だったらしい。

さて、これは昨年の二〇二三年六月のことである。深夜零時頃、岩野さんは夜勤の仕事を開始した。この日はもう一人、夜勤の女性スタッフがいたが、その時間帯は休憩室で仮眠を取ることになっていた。

岩野さんがサービスステーションで待機していると――。

突然、窓ガラスに、ゴスッ！　と何かがぶつかった音がした。強い風は吹いていない。

ゴスッ！　と再び大きな音が聞こえてきた。

（フクロウでもぶつかったのかな？）

岩野さんは、夜に活動するフクロウの仲間の姿を思い浮かべた。窓ガラスに気づかずに激突する野鳥の話を聞いたことがあったからだ。

窓ガラスが割れれば、危険な状況になりかねない。岩野さんは、即座に閉めてあったカーテンを開けてみた。だが、外には何もいなかった。窓ガラスを確認すると、ヒビは入っていないようである。そのことには安堵したが、

（じゃあ、一体、何だったのかな？）

不思議に思いながら、カーテンを閉めたという。

それから二十分ほどの間、岩野さんは巡視やコール対応などの仕事をしていた。五階に

行ったときのこと。不意に外から、人の足音らしき物音が聞こえてきた。

そこは窓の外にベランダとウッドデッキがある。そちらから、
ゴッフ、ゴッチャン……ゴッフ、ゴッチャン……。

と、ゴム長靴を履いて泥濘《ぬかるみ》を歩くような物音がしている。

（うっ、まずいぞ！）

岩野さんは些《いささ》か慌てた。入所者が介護士の目を盗んで施設から脱走したり、ベランダから転落する事故を起こしたり、自死を計って飛び降りたりすることがあるからだ。急いでカーテンを開けて、真っ暗な屋外を凝視する。

しかし、物音は途絶えて、ベランダにもウッドデッキにも、誰もいなかった。

（またか……。何だったんだろう？）

得体の知れない不気味な音が続いたので、岩野さんは怖くなってきた。

（こりゃあ、先が思いやられるなぁ。これ以上、変なことが起きなきゃいいんだが……）

勤務時間はまだ長く続くので、不安な気持ちになってくる。

加えて、認知症の高齢女性Bさんが騒ぎ出した。

「部屋に動物が入ってくるんだよっ！」

と、眠ろうとせずに怯えている。

「大丈夫です。何もいませんよ」

岩野さんは微笑みかけて、宥《なだ》めようとしたが、

「本当にいるんだよう！」

老婆Bさんはベッドから起き出すと、歩行器を使って個室の中を歩き回り始めた。

（認知症で幻覚が見えているのか。夜間せん妄って奴なんだろうな）

岩野さんは一旦そう考えたものの、先程、耳にした二つの異なる物音を思い出した。

（でも、僕には見えない怪異が見えているのかもしれない。完全否定はできないぞ）

窓ガラスに鳥がぶつかったような物音がしていたので、こう訊ねてみた。

「動物って、どんな動物ですか？　鳥とか、ですかね？」

けれども、Bさんは意外な言葉を返してきた。

「鰭《ひれ》があって、魚みたいなんだよ！　それで顔と手が猿みたいな、そういう動物だよう！」

わけがわからない。ただ、ベランダから聞こえてきたのは、ゴム長靴を履いて泥濘を歩いているような物音であった。

（もしかすると、人の足音じゃなくて、大きな動物が這い回る音だったのかもしれない）

岩野さんは、得体の知れない怪物の姿を想像して、一層嫌な予感を覚えたという。

それでも、何とか勤務を続けていた。Bさんは幾ら寝かせようとしても言うことを聞か

ないので、放っておくことにした。疲れれば自然と眠るだろう。

そのうちに女性スタッフが仮眠を終えて、休憩室から起き出してきた。

「変な音が聞こえるんですよ。あと、Bさんが怯えていて、眠ろうとしないんです」

と、岩野さんは女性スタッフに伝言した。

明け方になって、再び女性スタッフに訊いてみると、

「私には、何も聞こえませんでした」

とのことであった。

ところが……。

岩野さんが夜勤を終えて帰宅してから、『朝になっても個室の中を歩き続けていたBさんが、転倒して病院へ救急搬送された』と、その夜に出勤したときに聞いた。腰の骨を骨折しているという。得体の知れない獣の仕業だと考えると、ますます不気味に思えてくる。

とはいえ、同夜の勤務中は何事も起こらなかった。

夜勤を終えて帰宅し、朝から自宅で眠ろうとしたときのことである。

「おう！　ああ！　おう！　ああ！　おう！　ああ！」

男の奇声が聞こえてきた。うるさくて眠れない。岩野さんは和室の端のほうに布団を敷いて横になっていたのだが、男の声は部屋の中央辺りの、それも低い位置から発せられて

いた。屈み込んでいるのだろうか？　だが、男の姿は見えなかったし、このときは朝だったせいか、不思議と恐怖は感じなかった。

（呪文で祓ってしまおうか）

岩野さんは古神道の呪術を習った経験があるので、一度はそう考えたが、ほどなく猛烈な眠気に襲われたため、何もせずに眠ってしまった。目が覚めると、男の声は聞こえなくなっていたという。


それから数日後の休日。早朝に岩野さんが目を覚ましたところ、今度は、
ミーム、ミーム……。ミーム、ミーム……。

と、奇妙な鳴き声が聞こえてきた。

このとき岩野さんは仰向けに寝ており、声は彼の腹の上から発せられていた。重みは感じないが、まだ眠かったこともあって、不快に思えたそうだ。

ビイム！　ビイム！　ビム！　ビム！

少し声が変わった。音量が増したようにも感じられる。

岩野さんは完全に覚醒していたが、鳴き声は続いていて、声の主の姿は見えない。

ビイイイッ！　ムウウウウッ！　ビイイイッ！　ムウウウウッ！

声がまた変わって大きくなり、大音響になってきた。

(何なんだよ、こいつは?)

岩野さんが両手を腹の上にやると、ひんやりとしたものに触れた。

ぐちゃり――。

クラゲのようでもあり、千切ったコンニャクか、寒天のようでもある、柔らかくて少し粘りけのある触感であった。それが、

(沼から来た!)

というメッセージらしき意思を伝えてきたのである。

おまけに、岩野さんの体内に入ってこようとしている――そんな意思が感じられた。

(何をする気だ。こいつ、危ない奴だな)

岩野さんは、不快感に加えて危険を察知した。そこでこのときばかりは、攻撃の呪文を唱えて御祓いを行った。効果があったらしく、ぐちゃりとした触感も、鳴き声と思われる異音も、すぐに聞こえなくなったという。

しかし、まだ眠かったはずなのに、目が冴えてしまい、二度寝はできなかった。

岩野さんは、二度寝ができるように、これからもさらなる修行に励むそうだ。

少年の日の思い出（岐阜県可児市《かにし》）

岐阜県可児市での話である。

現在三十代の男性、ＲＨさんが、小学校低学年だった頃のできごとだという。

当時、彼の自宅は山の上の集落にあり、通学には行きが徒歩で三十分、帰りは坂道を上ることから四十五分ほどを要していた。毎日、同じ集落に住む一つ年上の柳沢君とその道を通っていたそうだ。

春の放課後、二人は通学路沿いに広がる森の中に細い道があることに気づいた。

「この中に、何かあるのかな？」

「行ってみようぜ！」

という話になり、足を踏み入れてみた。

獣道のような舗装されていない細い道が森の奥まで続いていて、進んでゆくと突き当たりに沼が現れた。

「おおっ！」

「いい場所やね！」

小学校の教室くらいの、小さな沼である。

山から湧き出た清水が地面の窪みに溜まってできた、天然の沼らしく、水は澄んでいた。水深は深い所でも三十センチくらいか、浅くて底まで見渡すことができた。水中に目を向けると、無数のオタマジャクシが泳いでいる。それを餌にしようと狙っているのか、日本最大のトンボであるオニヤンマの幼虫らしき大きなヤゴが、水底を歩いていた。稀少昆虫とされているゲンゴロウ（ナミゲンゴロウ）もいて、時折、潜水艇のように水面まで浮上してきては、また水中へ潜ってゆく様子が観察できた。

「うわあ……」

「面白いなぁ！」

二人には、この世の楽園のように思えたという。

以来、RHさんは柳沢君と一緒に、学校帰りになると、よくその沼へ行くようになった。これといった遊びをするわけではない。虫捕りをしたいと思うこともなく、いつも沼の畔にしゃがみ込んで、水中にいるオタマジャクシや水生昆虫たちの営みを観察していた。何時間眺めていても飽きなかったそうだ。

一つ年上の柳沢君とは、下校時間が合わないこともあった。そんなときは一人でも沼へ行った。その頃、RHさんの両親は不仲となり、喧嘩をしているか、黙り込んでいるかのどちらかで、家の中は常に殺伐としていた。帰宅しても、何一つ楽しいことがない。だから沼へ行くと、澄んだ水に心が洗われてゆくようで、落ち着いたそうである。

この沼のことは、誰にも話さなかった。柳沢君も同様だったらしい。だから呼び名があったのかも、地元の人々から何と呼ばれていたのかも知らない。おそらく、沼の存在自体を知る人が少なく、呼び名はなかったものと思われる。森の中に道ができていたことから、ほかにも人の出入りはあったはずだが、当初は誰にも出会わなかった。

やがて小学校は夏休みに入った。家にいたくなかったRHさんは、柳沢君の家に行って、一緒に遊んだり、宿題や工作をやったりして過ごし、それに飽きると、件の沼へ遊びに出かけた。柳沢君と一緒に行くこともあれば、「俺、今日はいいや。行かない」と言われて、独りで行くこともあった。

その日も、独りで沼の畔にしゃがみ込んで、ずっと水中を眺めていたという。しばらくして何気なく顔を上げると、沼の対岸に人が立っていることに気づいた。

同い年くらいの、小柄な少女であった。七分袖の、白と赤の浴衣を着て、胸の下に帯を締めている。髪の長さは肩くらいまであった。

（あれ？　どこの子やろう？）

人口の少ない田舎に住んでいるので、年の近い子供なら知っているはずなのだが、初めて見かける少女であった。そもそも沼の周りには草木が生い茂っていて、対岸まで行ける道はない。今なら不審に思ったり、驚いたりしそうなものだが、当時は幼かったためか、RHさんは何とも感じなかった。

少女は何も言わずにこちらを見て、朗《ほが》らかな笑みを浮かべている。色白の、愛らしい顔立ちをしていた。

一方、RHさんはどんな態度を取ったら良いのかわからず、呆然と立ち尽くしていた。

そのうちに少女は手を振って、木立の中へ入ってゆき、姿が見えなくなった。

それからRHさんは、独りで森の中の沼へ行くことが増えた。すると、必ず同じ少女が対岸に現れる。足音を立てることもなく、いつの間にか沼の畔に佇んでいるのだ。いつも同じ白と赤の浴衣を着ていて、にこやかに笑っていた。

柳沢君が一緒にいるときは現れない。RHさんが単独でいるときに限って現れる。対岸へ行くには沼の中を歩いて渡るか、藪漕ぎをしなければならないが、少女が着ている浴衣は、少しも汚れたり、濡れたりしてはいないようであった。後から思えば不思議なことながら、RHさんはそこまで考えてはいなかった。ただ、柳沢君に訊いてみても、

「そんな子、見たことないよ」

と、首を傾げていたという。

（あの子と一緒に遊びたいなぁ……）

ＲＨさんは次第にそう思うようになったが、声をかけることはできなかった。幼い頃の彼は、人見知りが激しくて、自分から話しかける勇気がなかったのである。

少女も無言で笑うばかりで、やがて手を振ると、木立の中へ姿を消してしまう。

（いつか、あの子と仲良くなりたいなぁ！）

と、ＲＨさんは強く願うようになっていた。

ところが、秋になって、両親が離婚することに決まった。ＲＨさんは母親と一緒に暮らすことになって、よその土地へ引っ越さざるを得なくなった。件の沼へ行けなくなることや少女と会えなくなること、柳沢君と遊べなくなることは悲しくて堪らなかったが、どうすることもできなかった。それでも、引っ越し先での新しい暮らしが始まると、別の友達が何人かできて、沼や少女や柳沢君のことはすっかり忘れてしまったという。

これだけの話なら、少女の正体はイマジナリーフレンドだった可能性がある。実際には存在しない友達が、さも存在しているかのように見えてしまう現象だが、幼少期には誰にでも起こりやすいもので、成長とともに見えなくなることから、怪異でもなければ、精神の異常でもないものとされている。

しかし、長い月日が経って、ＲＨさんが二十代になった頃。

ある夜、自宅のベッドで眠っていた彼は、夢を見た。

幼い頃に遊んだ沼が出てきて、大人になった彼がその畔にいる。

対岸には、あの少女が昔のままの浴衣姿で立っていた。

（ああ……。そういえば、よくこの沼へ来ていたなぁ……）

ＲＨさんは懐かしく思い出した。

けれども、昔は明るく笑っていた少女が、唐突に蹲《うずくま》って泣き始めた。十メートルほどの距離が離れているにも拘らず、咽《むせ》び泣く声がすぐ耳元で聞こえてくる。その声は大きくなるばかりであった。

途轍もなく悲しい気分になって、ＲＨさんは目を覚ました。夜が明けて、起床してからも、その日はずっと気分が晴れなかったそうである。

翌日になっても、沼の景色と泣いている少女の姿が脳裏から離れない。

（参ったな。どうしたらいいんやろう？）

そこで休日に、車でドライブがてら、かつての地元へ行ってみることにした。現地へ行けば何かわかるのではないか、と考えてのことだったが……。

　昔の住所を調べ出し、カーナビゲーションシステムに入力して行ってみたところ、まるで見覚えのない風景になっていたことから、RHさんは憮然《ぶぜん》とさせられた。記憶にあるのは傾斜の激しい山だったが、土地開発によって傾斜は緩やかになり、通学路にあった森は伐採されて消え失せていた。RHさんが住んでいた山の上の集落も、開発されて団地になっていたという。父親は既によその土地へ引っ越していたのである。

（あの沼は……あの沼は、どうなったのかな？）

　せめて、沼だけでも残っていてほしい――そう願いながら、来た道を引き返したが、景色が変わり過ぎていて、どの辺りにあったのか、すぐにはわからなかった。

　と、そのとき――。

　道路の先に、白と赤の浴衣を着た少女が立っているのが見えた。その和装から、あの少女であろうと判断できたのだが、なぜか顔だけはぼやけていて、人相が確認できなかった。

（でも、まちがいない！　あの女の子だ！）

　道路には、ほかに人も車も通っていなかった。RHさんは慌ててブレーキを踏み、車を停めた。

　だが、彼が車から降りるのと同時に、少女の姿は首から胴へ、胴から足へと、融けるように消えていった――。

小学生だった頃とは異なり、大人になっていたＲＨさんは狼狽したものの、少しして心が落ち着いてくると、まさにそこが昔、沼のあった場所に違いない、と確信した。沼は完全に埋め立てられて、道路と住宅用の更地に変わっていた。

（ごめん！　ごめんな！　何もしてあげられなくて……）

ＲＨさんの目から、独りでに涙が溢れ出してきた。彼は他人に泣き顔を見られるのが嫌で、慌てて車に戻ったが、いつまでも涙が止まらなかったという。

拷問沼（石川県）

　これも〈特別枠〉扱いで、本来は〈沼〉と呼ばれる止水が少ないと思われる石川県でのできごとである。松岡さんという女性が育った実家は、沼を埋め立てた土地に建てられているそうだ。元々、低い山の中に名もなき沼があり、その畔に斎場（火葬場）や墓地が広がっている――そんな土地だったらしい。干拓事業で沼が埋め立てられると、斎場もほかの場所へ移転して建物は取り壊され、宅地として土地の販売が開始された。

　まもなく松岡さんの両親が、土地を買って家屋を新築し、一家はそこに住むようになった。それが今から四十年ほど前、一九八〇年代の半ば頃のことだという。

　その後、成人となった松岡さんは結婚して、ほかの土地に住み始めた。やがて長男を妊娠したので、出産に備えて実家に帰った夏のできごとである。

　実家は、彼女が学生時代に使っていた二階の部屋がそのままになっていた。

　ある日の午後、その部屋のベッドに横たわって単行本を読んでいたところ、途中で眠くなってきた。一階には母親がいて、夕食を作ってくれることになっている。夕食までの間、本を読みかけのページで開いたまま、枕元に伏せて置き、少し眠ることにした。

仰向けの姿勢で眠っていると……。

バタバタバタ！　バタバタバタバタ！

何やらうるさい音がしている。風が吹いて、顔に当たっていた。その音と風に起こされたらしい。

松岡さんが目を開けると、向かって右手に当たる北側の壁から、真っ白な手が突き出していた。手首から先の右手で、長くて鋭い爪があり、指と指との間に水掻きらしき膜がある。それが、伏せて置いてあった本の真ん中辺りを掴んで、上下に大きく扇いでいた。

（きゃあっ！）

肝を潰した松岡さんは、すぐさま起き上がろうとしたが、動かせるのは首までで、胴体も手足もまったく動かなかった。そこで一階にいる母親を呼ぼうとした。

（お母さぁん！）

しかし、声も出せない。

そして次の瞬間、足の裏から力が抜けてゆくような感覚があった。

（あっ……。これ、何かまずいんじゃないけ《かな》……？）

一度、心を落ち着けよう、と考えたが、その直後のこと。

なぜか目の前に天井が迫ってきた。

(何でやろ?)

咄嗟に下を見ると、松岡さん自身が仰向けに寝ている姿が見えた。

(えっ! じゃあ、今の私は……)

初めて経験する〈幽体離脱〉と呼ばれる現象であった。ひどく困惑し、身体に戻れなくなるのでは? と焦ってしまう。それでも、知っている念仏の一部を、

(南無阿弥陀仏。南無阿弥陀仏……)

と、心の中で唱えてみた。

すると一瞬にして魂が身体に戻れたようで、五体が自由に動かせるようになった。

ベッドから起き出した松岡さんは、

「お母さぁん!」

と、子供のように泣き叫びながら、階段を駆け下りたという。

母親に事情を話し、励まされて心が落ち着いたところで、一緒に二階の部屋の様子を見に行くと、真っ白な手はいなくなっていた。

(夢やったんかな?)

と、思ったが、確かに目を開けていた記憶がある。しかも、枕元に置いたはずの単行本が、ベッドと壁の隙間の床に落ちていた。

それから数年が経って、今度は次男を妊娠していた頃のできごとである。出産まではまだ間があったが、実家に帰省したときの話だ。

今度は二階の部屋ではなく、一階の居間でテレビを観ていた。昼間のことで、家族は出かけていて、ほかには誰もいなかったという。

居間は和室で、テレビを点けたまま、畳の上に座布団を敷いて横になっていたところ、少しの間、うたた寝をしてしまった。ふと目が覚めると、大勢の人の話し声や足音が聞こえてきた。何者かの行列が、こちらに駆けてくるような気がする。

(えっ？　誰か来たん？)

目を開けると、居間の様子が確認できた。先程まで観ていたテレビも、まだ同じ番組を放送している。けれども、仰向けに寝たまま、首以外は身体を動かすことができなかった。声も出せない。

(ああ。またか……)

そう思った途端、大勢の人の声と足音が接近してきて、松岡さんの右肩から身体に飛び乗ってきた。とはいえ、その姿は見えず、痛みや重さを感じることもなかった。とても小さなモノの群れらしい。ヒヨコが身体に乗ってきたような感覚である。それらは松岡さんの身体の上を通って、一気に鼠蹊部《そけいぶ》の左側へと駆け抜けてゆく。

おまけに途方もない大集団のようで、次から次へとやってきては、同じ〈順路〉を通り過ぎてゆくのだが、行進はなかなか終わらずに続けられた。依然として話し声も聞こえてくる。何と言っているのかはわからない。とにかく大勢の、人の声が響いている。

その声が次第に大きくなってきた。大勢の小さな人が集結してきて、それらが一斉に喋り出したので、騒音と言っても過言ではない大音響となる。松岡さんは苦痛を感じ始めた。

（もう我慢できん！）

と、思ったときであった。

何百、何千いるのかわからないが、小さな人の大集団が異なる動きを始めた。それらは松岡さんの顔を除いた全身へと広がってゆき、号令をかけるような大声が響いたかと思うと、一斉に松岡さんをくすぐり始めたのだ。

身体が一向に動かない状態でくすぐられるのだから、堪ったものではない。初めはくすぐったさからつい、笑い声を漏らしたが、途絶えることなく、いつまでも続くので呼吸が上手くできず、息苦しくなってきた。

（こ、これって、拷問やがいね《じゃないの》……）

松岡さんはふと、以前に夫が知人から聞いてきて語った話を思い出した。

『昔、山奥で野営をしていた猟師が、夜中に猿の大群に襲撃されて死亡した。猟師の身体に大きな外傷はなく、大量の猿の体毛が遺体の周囲に散乱していた。猿は人間の身体をくすぐることがある、といわれているので、猟師は寝込みを襲われ、長時間にわたって全身をくすぐられて死亡したのではないか。死因はほかに考えられなかった』

という内容で、聞いたときには「馬鹿馬鹿しい。そんなの、作り話やろ」と笑ったものだが、こんな状況がいつまでも続けば、

（呼吸困難で、本当に死ぬな……）

最悪の予感が脳裏をよぎったという。

しかし、前回と同じように念仏を唱えることを思いついた。

（南無阿弥陀仏！　南無阿弥陀仏！　南無阿弥陀仏！　南無阿弥陀仏！）

と、心の中で必死に唱え続けると、人の声はやみ、くすぐられることもなくなった。

そこへ、

「ただいまぁ！」

母親が、松岡さんの幼い長男を連れて買い物から帰宅した。

同時にあれほどいた大集団の気配が消滅し、身体も動かせるようになったという。

頭の中が混乱していた松岡さんは、母親に「こそばした《くすぐった》？　ねえ、こそばした《くすぐった》？　それ

か、誰かお客さん、来とったん？」と何度も訊いたそうだが、

「誰も来とらんし、こそばしとらんわいね《くすぐってなんかいないわよ》。今、帰ってきたとこねんから《ところなんだから》」

と、母親に苦笑された。


松岡さんは、結婚して実家へ帰省するようになってから、怪異と遭遇しやすくなったのだという。とくに妊娠中は多かったそうだ。現在の住まいでは何も起こらないので、やはり実家が沼の埋立地にあることや斎場の跡地が向かいにあるせいではないか、と考えている。沼に何らかの謂《いわ》れがあったのかは不明だ。


両親から聞いた話によると、実家の土地を買ったときには不動産会社から『この地域は、これから開発が進んで大きな住宅団地になる』と聞かされていた。ところが、実際にはすぐに宅地開発は中断され、およそ四十年の間、些かも景色は変わっていない。墓地と実家を含めた数軒の家があるだけの、うら寂しい地域となっている。松岡さんによれば、

「山の中ですが、南斜面で日当たりはいいし、意外と市街地にも近くて便利な場所なので、よく考えたら、ここまで開発されないのは不思議なんです」

とのことである。

沼地の洋食店（大阪府）

大阪府で数十年前に起きたできごとである。

前述したように、近畿地方は〈池〉と呼ばれる止水がほとんどで、〈沼〉を見つけることはできなかった。しかし、大阪府をはじめとする近畿地方や四国地方、中国地方には元来、雨も雪も少ない瀬戸内式気候の地域が多く、稲作などに利用する目的で造られた溜め池の数が非常に多い。中には、起源を辿れば古代に造られたとされる歴史のある池や、水深が三十メートルに達する深い池まであるそうだ。

だが、その大半を占めるのは、名もなき小さな止水である。これは情報提供して下さった男性、佐野さんが、

「僕が住んでいる家の近くに、昔、沼があったんです」

と、語ってくれた話なので、〈特別枠〉の扱いで記したいと思う。

そこは低い山の麓で、小さな沼があり、周りには湿地が広がっていた。沼の中や周囲には葦が生え、湿地の外縁にはススキが茂っていた。

この湿地には道路が隣接していて、佐野さんは子供の頃からいつもそこを通っていたの

だが、街灯が点々と立っているだけで、近くに民家はなかった。夜になると、うら寂しい不気味な場所だったという。

佐野さんは高校生のとき、日が暮れてから自転車に乗って学校から帰る途中、大きな青い火の玉が三つ、上空を飛び回っているのを目撃した。自転車を停め、息を殺して様子を見ていると、燃え上がる火の玉の中心部に何かがあることに気づいた。

人の生首が青い炎に包まれている。

一メートルはありそうな長い炎の尾を引いて飛んでいた。

三つとも男と思われる生首で、沼の上空を飛び回っている。

(こっちに飛んできたら、大変や!)

どんな危害を加えられるのかは不明だが、佐野さんは身の危険を感じて、慌ててペダルを漕ぎ、急いで自宅まで逃げ帰った。

佐野さんが遭遇した怪異はこれだけである。

けれども、近所に住む知人の男性から、目撃談を聞いたことがあった。その男性が月夜にジョギングに出かけたところ、湿地の外縁に茂ったススキの間から、長い黒髪を垂らした女が、こちらに向かって手招きをしていたので、

「ぬっ！　誰や!?」

と、誰何《すいか》した。

次の瞬間、女の身体が宙に舞い上がったかと思うと、月に吸い込まれるかのように夜空へと消えていった。白い着物を着ていたそうだ。


その話を聞いた佐野さんが、この地域で過去に何か事件や事故があったのか、調べてみたところ、近年に殺人事件や死亡事故が起きたことはなく、自殺騒ぎも発生していないことがわかった。ただし、歴史を辿れば古戦場で、相当な数の戦死者を出した土地だったらしい。鎧武者の幽霊が出た、という話を聞いたことはないのだが……。

後年、貯水を利用する稲作農家がなくなったこともあり、沼は埋め立てられることになった。長い年月をかけて干拓工事が進められ、沼や湿地があった場所には、個人経営の店舗やスーパーマーケットが建ち並ぶようになった。同時に周辺も田畑の多い農村から、新興住宅地へと様変わりした。それがほんの数年前のことだという。

沼があった場所には洋食店ができ、佐野さんは家族と食事に行った。とくに何も起こらなかったが、別の日に佐野さんの友人も妻子を連れて食事に出かけた。

すると、その夜のうちに友人から佐野さんのスマートフォンに電話がかかってきた。

「あそこって、昔、何かあったんか？」

佐野さんが知っている情報を話したところ、こんな答えが返ってきた。

「やっぱりな……。店に入った途端、物凄い頭痛がしてきたんや」

この友人は、佐野さんよりも〈見えたり、感じたりする人〉なのだ。

頭痛に加えて、店員に案内された座席に着いたときから、視界の隅にコウモリのような黒い影が宙を舞っているのが、ちらちらと映る。そちらを凝視すると、消えてしまう。

一緒にいた妻には何も起こらなかったが、小学生の娘は彼の能力が遺伝しているようで、「頭痛い！　気持ち悪くなってきたわ……」と言い出した。このままだと、どちらかが嘔吐するかもしれない。

「せやからな、嫁はんと店員には悪い思ったんやけど、あまり食べないで早う出てもうたんよ」

とのことであった。

夜更けに来るモノ（和歌山県）

和歌山県の山村で育った男性、真《まこと》さんが、一九七〇年頃に体験した話である。当時、彼が住んでいた家には祖父母が同居していて、東の端にある小さな和室が二人の部屋になっていた。真さんはよくその部屋へ遊びに行ったが、祖父が嗜《たしな》んでいた酒や煙草が置いてあったのを今でもよく覚えているそうだ。祖父はいつも酒は水色をした一升瓶の日本酒を、煙草は両切りで安価な〈しんせい〉を好んで買い置きしていた。

家の隣には民家がなく、名もなき小さな沼と、それを取り巻く大きな湿地が広がっていた。家の前には山から湧き出た水が流れる用水路があって、コイ科の魚であるアブラハヤや両生類のアカハライモリ、サワガニなどが沢山棲んでいた。用水路からは澄んだ水が沼に流れ込んでいた。したがって、沼といっても人工の溜め池だったのか、あるいは放置された休耕田だったのかもしれない。もちろん、そこもトンボが飛び交ってカエルが鳴く、生き物たちの絶好の住処《すみか》となっていた。

祖父母の部屋は、そんな沼と湿地に隣接していた。

さて、地区内（村の中）に住む、金次さんという高齢の男性が亡くなったときのこと。

その翌朝、祖父母が、

「昨夜《ゆうべ》、沼に金さんが来とったなぁ」

「そうやなぁ」

などと、真面目な顔をして話していた。

何のことかと、真さんが訊いてみたところ、

「この地区で死んだ人の魂は、火の玉になって、あそこに来るんや」

祖父がそう言って、窓から見える沼と湿地を指差す。夜には真っ暗になる場所であった。

「ほんで、その人の歳《とし》の数だけ、ぐるぐる回るんやで」

と、絶妙のタイミングで祖母がつけ加える。

幼かった真さんは震え上がり、訊かなければ良かった、と後悔したという。


しかし、それから一年ほど経つと、真さんは怪奇現象に興味を持ち始めた。

(怖いけど、僕も火の玉を見てみたい)

そう思うようになったのだ。

地区内には年寄りが多くいて、冬の初めにトメさんという高齢の女性が亡くなった。大人たちの会話から、それを知った真さんは祖父母に、

「火の玉が出たら教えて。僕も見たいんや」

と、頼んでおいた。

祖父母は苦笑していたが、夜が更けて、真さんが自室で眠ろうとしていると――。

「マコちゃん、出よったで」

と、祖母が知らせに来てくれた。

祖父母の部屋へ行ってみると、確かに窓ガラス越しに青い光が動いているのが見える。宙を舞う火の玉だ。小柄な女性の頭部ほどの大きさで、長さ五、六十センチはありそうな光の尾を引いていた。同じ場所をぐるぐると回っているらしい。

真さんはもっとよく見ようと窓を開け、身を乗り出して外を眺めた。

亡くなったトメさんは九十歳を超える長寿だったせいか、青い火の玉はちょうど沼の上の辺りをゆっくりと、何周も旋回していた。火の玉の放つ光に照らされて、黒い水面が見え隠れしている。

真さんは寒いのと眠いのを我慢して眺めていたが、二十周ほど回ったところで、

「寒いから、窓閉めな」

と、祖母に注意された。

窓を閉めてからも、火の玉は旋回を続けていた。

「明日学校なんやろ。もう寝なあかんで」

祖父からも注意されたが、真さんは、

「ちょう待《ちょっと》って！」

と、拒んで最後まで見届けた。

火の玉は六十周ほど回って、ふいと消滅した。辺りが真っ暗になる。

祖父母が気づいたときには既に旋回を始めていたそうなので、実際には九十周以上、回っていたのであろう。

「歳の数だけ回るって、ほんまの話やったんやなあ」


その後、祖父母は鬼籍に入り、沼と湿地は埋め立てられてしまい、学校が建てられた。飛び回る火の玉が目撃されることもなくなったという。

人魂や鬼火については、メタンガスが自然発火する説、カゲロウやカワゲラなどの昆虫か、鳥やコウモリが発光バクテリアを身体に付着させて飛んでいた説、プラズマ発光説などがあり、ほぼ科学的に解明されている。だが、真さん曰く、年齢の数だけ旋回していた火の玉に関しては、人間的な意思の力が感じられて、不可思議に思えたそうである。

はすまつりの女（宮城県登米市《とめし》、長沼《ながぬま》）

ここからは再びWさんが提供して下さった宮城県の話を続けて収録したい。

四十代の男性、黒田さんは、以前に宮城県北部の登米市に住んでいた。岩手県との県境に当たり、平野が広がっていて、稲作と畜産が盛んな地域である。黒田さんは、ある企業の中間管理職で、宮城県北部にある支社に配属され、他県から単身赴任してきたのだ。この支社には、一つ年下の北村という男性社員がいた。別の部署だが、同じ中間管理職の立場で年が近いこともあり、馬が合って、よく飲食を共にするようになった。

じきに黒田さんは、北村からこう誘われた。

「今度、〈はすまつり〉に行きませんか？」

〈はすまつり〉とは、毎年七月下旬頃から八月下旬頃にかけて、広大な沼をモーターボートに乗って移動し、群生した蓮《はす》の花を間近で観賞するものだという。

「へええ！　面白そうだね！　せっかく住み始めたんだから、登米市の観光地を巡りたい、と思っていたんだ。ぜひ、頼むよ！」

黒田さんは、北村と一緒に〈はすまつり〉に参加することにした。北村はうれしそうに笑っていたそうだ。

七月の休日、二人は朝から北村が運転する車で会場へ向かった。

登米市は〈水の郷《さと》〉であり、市内には伊豆沼《いずぬま》や内沼《うちぬま》、長沼《ながぬま》が存在する。このうち、伊豆沼と内沼は隣接する栗原市との間にあり、長沼は全域が登米市に属している。三つの沼ではいずれも、夏場に〈はすまつり〉が開催されているが、この日、北村が目指したのは長沼であった。人気があるらしく、ボートは順番待ちで、乗船できるまでに十五分ほどかかった。

待ち時間の間に北村が、にやりと笑いながら言う。

「今日見たものは、きっと、忘れられなくなるでしょう」

「それほど素晴らしいものなんだね。いやあ、楽しみだよ!」

黒田さんが答えると、北村は再び、にやりと笑った。

後から思うと、その笑い方がどことなく変だったという。

やがて乗船の順番となり、黒田さんと北村は同じボートに乗った。ボートはエンジンがついており、先頭に船頭がいて、ガイドも兼ねている。

出発すると、北村は何か独り言を呟き始めた。これまでに見せたことのない姿である。

それでも、黒田さんは少しも気にせず、群生している蓮に視線を向けていた。間近で見るピンクや紅蓮《ぐれん》の花々はとても美しかった。それに加えて、長沼の周りには手入れが行き届いた公園が多く、オランダ風車やボート場クラブハウスなどもあって、ヨーロッパの田舎町を思わせる異国情緒が漂っている。

黒田さんが遠くの景色と近くの花に見惚れていると、北村が出し抜けに、

「黒田さん、前を見て下さい！」

と、大きな声で言った。

その声に釣られて、黒田さんがボートの前方に目をやると——。

船頭の背後に羽根飾りを頭部につけた、半裸の若い女が立っていた。緑色の煌びやかなビキニを身に着けている。サンバの衣装らしい。

日に焼けた小麦色の肌、ぱっちりとした大きな目、胸や尻の肉は豊満で、腹が滑らかにくびれている。音楽が流れているわけでもないのに、腰を小刻みに、激しく前後左右に振り始めた。羽根飾りを揺らめかせて、サンバ特有の踊りを披露する。

黒田さんは、蓮の花よりも、その踊り子に視線を奪われてしまった。

（いい女だなぁ！　だけど、ボートに乗ったときには、いなかったよな。いつの間に乗ってきたんだ？）

黒田さんは怪訝に思った。

しかし、艶やかな踊りに心を乗っ取られてしまったような感覚に陥り、夢見心地の気分でいると、たちまちボートは発着場に到着していたそうである。

ボートが停まるのと同時に、踊り子はひと際大きく腰を振ると、姿を消してしまった。

「ねっ！　忘れられないでしょう！」

北村が三度《みたび》、にやりと笑った。

黒田さんは釈然としなかったが、北村には御礼として、やや高価なランチを奢った。そのときになって、彼ら以外の乗客や船頭は、まるでサンバを踊る女の姿が見えていないのか、完全に無反応だったことを思い出したという。

だが、「あの女を知っているのか？　何者なんだ？　どうやって現れたり、消えたりしんだ？」と北村に訊くことはできなかった。それについて口にしようとすると、どういうわけか、急に頭の中がぼんやりと霞んでくるような気がして、ほかのことを話してしまう。

北村も踊り子のことは喋ろうとしなかったので、黒田さんは何も訊かないまま、車で送ってもらい、明るいうちにアパートへ帰ってきた。

ところが、その夜のこと。

黒田さんが眠ろうと、部屋の蛍光灯を消して布団に横たわった直後、独りでに蛍光灯が点いて、いきなりサンバの衣装を着た女が現れた。昼間に遭遇した踊り子である。六畳の和室で、昼間と同じように音楽もなしに踊り始めた。艶のある小麦色の肌、しなやかな肉体が躍動する――。

黒田さんは驚愕し、起き上がって、「君は誰だ？　どうやって入ってきた？」と訊きたかったが、ひどく身体が重くて、首から下を動かすことができなかった。力を振り絞って起き上がろうとしたものの、どうしても動けない。

やがて踊り子が身を翻して、こちらに背を向けた。ビキニからはみ出した尻の肉が目の前で揺れている。五分ほど踊っていただろうか。彼女は現れたときと同様に、卒然と姿を消してしまった。蛍光灯も独りでに消えたという。

（やっぱり、生身の人間ではないんだな）

と、黒田さんは悟ったが、踊り子のことをすっかり気に入ってしまった。

（幽霊でも妖怪でもかまわないさ。また出てきてほしい！）

そう願ったが、数日経っても、踊り子が自宅に出現することはなかった。

そこでもう一度、〈はすまつり〉に行けば会えるのかもしれない、と考えたそうだ。

「休みの日にまた、〈はすまつり〉に行かないか?」

北村を誘ってみたが、ほかの予定が入っているので、と断られた。

ならば、と黒田さんは単独で〈はすまつり〉へ行ってみた。けれども、期待に反して、ボートの中にあの踊り子が現れることはなかった。

都合三度、単独で行ってみたが、一度も現れなかったという。

黒田さんは思案を巡らせた。

(思えば、あの女と会えたのは、北村と一緒のときだけだった。……ということは、北村と一緒に行けば、また会えるんじゃないか?)

そう考えて、再び北村を誘ったのだが、断られた。

「夏休みも週末も、秋まで全部、ほかの予定が入ってしまいまして」

北村は少し前まで〈恋人はいないし、友達も少ない独身男性〉のはずであった。黒田さんは彼の変貌ぶりを意外に思った。

(妙だなぁ……。俺、何か、あいつに嫌われるようなことをやらかしたのかな?)

そうこうしているうちに八月下旬となり、蓮の花は散ってゆき、その年の〈はすまつり〉は終わってしまった。黒田さんは、それからも何度か北村を飲みに誘った。踊り子のことを訊きたかったのだが、会社の中ではほかの社員の耳目もあって、憚《はばか》られたからである。

しかし、北村は何かと理由をつけて悉《ことごと》く断ってきた。以前は付き合いが良かったのに、別人になったかのようであった。そして突然、

「俺、転職することにしました。明日から有給休暇の消化に入るので、お会いできるのは、これが最後です」

と、告げてきた。

あまりにも驚いたのと、周りにほかの社員もいたので、黒田さんは踊り子のことを切り出せなかった。北村は送別会を辞退し、黒田さんが、個人的に飲みに行こう、と誘っても断ってきた。取りつく島もなく、夜逃げでもするかのように職場を去っていったそうだ。

黒田さんは、翌年の夏は仕事が多忙で、休日出勤や疲労による体調不良に悩まされ、はすまつりに行くことは叶わなかった。その翌年の春になると、転勤の辞令が下され、他県へ移動することになった。北村とは疎遠になっていたが、登米市を離れる前に電話をかけてみたところ、電話番号を変えたようで、繋がらなくなっていた。

黒田さんは、今でも時々、北村のことを捜してみたくなることがある。それというのも、あの踊り子についての手がかりが欲しいからだという。

長沼

どん底の紅蓮華（宮城県、Ｍ沼）

情報提供者からの希望により、詳しい場所は伏せるが、宮城県某市には、以前に蓮の花が沢山咲くことで有名だったＭ沼がある。しかし、十数年前から環境の悪化によって、蓮は次々に枯死してゆき、種子から新しい芽が出ることもなく、花を愛でることはできなくなってしまった。原因として、外来動物のミシシッピアカミミガメ（ミドリガメ）による食害が考えられている。

四十代の男性、菅井さんは子供の頃から毎年、Ｍ沼で蓮の花を見るのが夏の楽しみであった。その風景を見られなくなったことが、残念で堪らなかったという。代わりにほかの幾つかの沼へ行き、蓮の花を見物したが、どこもＭ沼ほどの感動を覚えることはなかった。

二〇一八年のこと。菅井さんは「当時はどん底でした」という状況に陥って、悩んでいた。職場での人間関係が上手くゆかず、鬱病となって休職しており、妻とも言い争いをすることが多くなった。「このままなら離婚したい」と言われ、家にいても気が晴れることがなく、何をしても精神が疲弊してしまう。

そこで菅井さんは、三日にあげずＭ沼へ出かけていた。だからといって、何をするわけでもない。蓮以外の植物も減少し、甚《いた》く殺風景になった広い水面を何時間も眺めては、かつて蓮の花が咲き誇っていた、美しかった日々を脳裏に思い浮かべては、感傷的な気分に浸っていたそうである。天気が良い日は、朝から夕方まで居続けたこともあった。

ある日、菅井さんが、いつものようにM沼の水面を眺めていたところ……。

水の中から俄《にわか》に大きな蓮の葉が一葉、飛び出してきた。その葉の上には、身長が五十センチほどしかない男が乗っていたという。

身体は小さいものの、眉の濃い、整った成人の顔立ちをしており、頭髪は黒くて短い。上半身は裸体で、細身だが、引き締まった筋肉が隆起している。下半身は紅蓮色の煌びやかなパンタロンを穿いていた。その口には、ナイフらしき刃物を咥えている。

菅井さんが呆気に取られていると、小さな男は蓮の葉の上で飛び上がって、体操選手さながらの宙返りを見せ始めた。初めに前転を十回転ほど披露する。その後、一旦動きを止めて両手を大きく広げてから、今度はバック宙を始めた。後方への回転を何度も繰り返し、その速度を上げてゆく。しかも着地する位置は、同じ葉の上から寸分の狂いもない。

(何て見事な!)

菅井さんは、男が見せる技の正確さと美しさに感心し始めた。

ところが、まもなく異変が起こった。男がひと際高く飛び上がったかと思うと、両腕で両足を抱え込んだ。空中で身を丸めながら回転する。それを二回転、三回転と繰り返しながらも、不思議と高度は落ちてこない。回転速度は増してゆき、ついに男はこちらに向かって、大変な速さで飛んできた。

「ああっ！」

菅井さんは危険を悟った。咄嗟に両手を前方に突き出して、回転しながら飛来する男を受け止めようと身構える。だが、次の瞬間、胸に激しい衝撃が走った。

「ぐふっ！」

男の全身が、菅井さんの両手の間をこじ開けるようにして、飛び込んできたのだ。

「うう、う……」

菅井さんはいつの間にか、沼の畔に大の字に倒れていた。気がついて起き上がると、小さな男はいなくなっていた。男が激突したはずの胸に痛みはない。そして沼の水面を見れば、蓮の花が咲き誇っていた。以前の最も輝かしい時代に戻ったかのように――。

（こいつは素晴らしい！　……だけど、夢なのかな……？）

試しに目の周りを擦ったり、頬をつねってみたりしたものの、群生した蓮の花が消えることはなかった。沼の周りの遊歩道には、大勢の人だかりができている。誰もが蓮の花を愛で、笑顔を浮かべていた。本当に一番楽しかった時代に戻れたようだ。

一体、どういうことなのか？　菅井さんはこの状況が不思議に思えてならなかったが、

（でも、ずっとこの景色を見ていたい！）

という感情のほうが勝《まさ》った。

遊歩道を緩々と移動しながら、蓮の花を眺めていると、濃淡のあるピンク色の花に紛れて一輪だけ、黄金に輝く花があった。こんな蓮の花を目にするのは初めてである。

珍しい花だな、と思いながら立ち止まって、視線を注いでいたところ――。

不意に天上から、銀色の光線が降ってきた。それに脳天を撃たれたかと思うと、視界が暗転したという。


「大丈夫かい、あんた？」

菅井さんが再び目を覚ますと、心配そうに眉を曇らせた老人と、犬がこちらを見下ろしていた。近くに外灯が立っている。その光が、こちらを覗き込んでいる白髪の老人と、白い犬の顔を浮き彫りにしていた。

「はあ……」

菅井さんは何とか上半身を起こした。辺りはいつしか日が暮れていた。

「犬の散歩に来たら、あんたが遊歩道に倒れていたから、びっくりしていたところだよ。この子が吠えて知らせたんだ」

と、老人が白犬を目で示しながら、経緯を説明してくれた。

日本犬らしい、立ち耳巻き尾の中型犬である。このときは吠えずに、おとなしかった。

菅井さんは少しよろけながらも、自力で立ち上がることができた。

沼のほうに目をやると、真っ暗で何も見えない。蓮の花はどうなったのだろうか？

「すみません。……あのう……沼には、蓮の花が咲いていますか？」

「蓮の花？」

老人が、手にしていた懐中電灯の光を水面に向ける。

水面を見渡すと、蓮は花どころか、葉や茎も壊滅していた。植物は何も見えなかった。

「変な話をして、すみません。実は……」

菅井さんは老人に、今日起きたできごとをすべて語った。

「そうか、そうか……」

老人は一度も否定することなく、ひたすら頷いていた。菅井さんが語り終えて、無事であることを確認すると、「じゃあ、握手だ」と右手を差し出してきた。

珍しいことをする人だな、と菅井さんは思った。握手なんてするのは、外国人か、スポーツ選手くらいではないか、と思っていたからだ。それでも右手を差し出して、しっかりと握手を交わした。よく見れば、高級そうな服を着た、老紳士といった出で立ちである。

「気をつけてお帰り」

老人は微笑みを浮かべると、犬を連れて去っていった。

帰路を急ぐと、自宅の前に妻が立って待っていた。菅井さんの姿を認めるや、急いで駆け寄ってきた。

「良かったよう！　本当に良かった！　もしかしたら、まさか、と思ってね……」

妻の目には涙が光っていた。菅井さんが最悪の選択をしたのではないか、と心配していたのだという。

菅井さんは、妻との仲をやり直せそうな気がしてきた。

その後、数夜おきに昔のM沼が出てくる夢を見るようになった。蓮の花が咲き誇っていた頃の景色で、夢の中で幸福な気持ちになる。夢を見た後は、全身に活気が漲《みなぎ》ってくるのが感じられる。少しずつ思考が良い方向へと向かうようになり、休職していた職場に戻ることはやめて、再就職への活動を始めた。

妻との仲も徐々に修復されていった。決して簡単なことではなかったが、再就職に成功して、子供が生まれ、現在は収入もそこそこに安定し、円満な家庭生活を送っている。

M沼に現れた小さな男は、絶望のどん底に沈んでいた自分を救うために現れた精霊だったのではないか、と考えているそうだ。

最近、四歳になる息子が、ふざけてオモチャを口に咥えることがある。先日、近所に住む幼女が持ってきた〈ままごとセット〉に入っていた包丁を口に咥えたのだが、その姿がどことなく、あの小さな男の姿と似ていたという。

菅井さんは、今でも時々、M沼へ行くが、あれきり精霊は現れないし、白い犬を連れた老人と再会することもない。蓮も再生してはいない。

だが、いつの日か、蓮が再生して、紅蓮華が咲き乱れる光景が必ず見られるものと信じている。その日が来ることを楽しみに、心の支えにしながら生きている、とのことである。

びじょんさん（宮城県）

二十代の女性、ちづるさんによると、彼女の叔父の国雄さんには、薬指と小指がなかった。なぜ指がないのか、Wさんが訊ねたところ、こんな話を聞かされたという。

国雄さんは堅気の会社員だったが、若い頃に働いていた職場になぜか裏社会と通じている先輩がいて、そちらの作業の手伝いをよく頼まれていた。それは宮城県内の山奥にある沼に、大きな黒いゴミ袋を捨てる作業であった。中身が何なのかは聞かされていなかったが、一回につき、数万円の報酬がもらえた。ただし、猛烈な悪臭がすることがあった。

その沼にゴミ袋を投げ込むと、袋が沈まずに浮く。そして巨大な魚の口らしきものが現れ、袋をひと呑みにして消えてしまう。国雄さんはその現場を何度か目撃していた。

「いいか。この仕事中に見たことは、他人には絶対に言うんじゃねえぞ」

先輩はいつも口酸っぱく、そう言っていた。

ある日、先輩は国雄さんにこんな話をした。

「あの沼には、〈びじょんさん〉が沢山棲んでいるんだ。〈びじょんさん〉は、色んな物を食べて消してくれるのさ」

国雄さんは「はい。わかりました」と頷いたが、ふと閃きを得た。

（あの沼の水を持ち帰れば、何でも処理できる沼を自分の家に造れるんじゃないか？）

そこであるとき、試しにその沼の水を汲み、ポリタンクに詰めて持ち帰った。当時、彼の自宅には、以前に金魚や錦鯉を沢山飼っていた大きな水槽があった。知人からもらった金魚を何尾か入れたところ、伝染病が発生して魚が全滅してしまい、長いこと空になっていたものだ。そんなほろ苦い思い出のある水槽に、沼の水を注いだ。

次に、食べ残した飯を入れておくと、翌朝には跡形もなく消えていたそうである。

（いいぞ！　これなら、あの沼と同じものができる！）

その頃、国雄さんは金回りが良かったので、庭つきの一戸建て住宅を借りて一人で住んでいた。そこで庭に池を造って、あの沼の水を貯えることを考え始めた。そうすれば、山奥まで行かずにゴミ袋を処分できて、これまで通りの報酬をもらうことができる。労力はかからないし、車のガソリン代を浮かすこともできるだろう。

国雄さんは、我ながら名案だと、悦に入った。

その日は堅気の仕事のシフトが休みだったので、翌日になって出勤すると、皆が騒いでいる。例の先輩が、昨日から無断欠勤をしているのだという。

先輩は職場で重要な役職に就いていたため、社内に混乱が生じていた。結局、先輩とは誰も連絡がつかず、そのまま行方不明となってしまった。

（もしかしたら、俺のせいなんだろうか？　俺が勝手に沼の水を持ち帰ったから、こんなことになったのかもしれない）

国雄さんは先輩のことが嫌ではなかった。二面性がある人物で、裏社会と通じていることは知っていたが、金はくれるし、暴力を振るわれたり、迷惑をかけられたりしたことは一度もなかったからだ。それだけに責任を感じた。

（水槽の水を元の沼に返してこよう。そうすれば、先輩は戻ってくるんじゃないか？）

帰宅すると、すぐに水を処分するべく、水槽の中に吸水用のポンプを突っ込んだ。

その瞬間、右手の小指に激痛が走った。

小指が、第一関節と第二関節の間から切断されている――。

水槽の底に血だらけの小指の先が落ちていた。鮮血が水の中に拡散されてゆく。

慌てて救急車を呼んだが、それが到着したときには、水槽の底にあったはずの小指の先は消滅していた。鮮血もなくなって、水は澄んでいたという。

国雄さんは搬送された病院で治療を受けたが、事情を説明しても医師は首を傾げるばかりであった。何日か入院することになり、仕事はしばらく休職せざるを得なくなった。

数日後に帰宅したとき、家の中にあったはずの水槽は消えていたそうだ。

その夜から、国雄さんが眠っていると、夢の中にかの先輩が出てくるようになった。先輩はスーツ姿だが、衣服は乱れて全身から血を流しており、何かに噛まれた傷があちこちにできていた。しかも、片目が潰れている。

「おまえが余計なことをしやがったからだ！」

「クソ餓鬼が！　落とし前をつけろ！　でないと、ぶっ殺してやる！」

などと、連夜にわたって怨みの言葉を並べ立てていた。

やがてある朝、国雄さんは左手に激痛を覚えて目が覚めた。

見れば、薬指が切断されている。

家の中には、ほかに誰もいなかったというのに――。

それを境に、傷だらけの先輩が夢の中に現れることはなくなった。

国雄さんは精神を病んでしまい、一人暮らしが困難になったことから、借家を引き払うと実家に戻って、長いこと家に引き籠もっていたという。

そこはちづるさんが、両親や祖父母と暮らす大きな家でもあった。国雄さんの身の上話を聞いたちづるさんは〈びじょんさん〉に興味を持ち、中学生の頃、国雄さんに頼んで件の沼へ案内してもらったそうだ。

だが、行ってみたところ、山奥の沼といっても、神秘的な雰囲気はまったくなかった。何の変哲もない溜め池に見えたという。

「その沼の場所を教えてもらうことはできませんか？」

Wさんは、ぜひに、と頼んでみたが、ちづるさんからは拒否された。

「それは、できません。私も、落とし前をつけないと、いけなくなるから……」

「じゃあ、叔父さんに会わせていただくことはできませんか？」

「叔父は、だいぶ前に家出をして、行方不明になってるんです。今はどこでどうしているのか、わかりません。もう、生きていないのかもしれません」

今でもその沼は存在しており、〈びじょんさん〉はそこに棲んでいるらしい。

なお、ちづるさんは右手の小指に厚く包帯を巻きつけていた。

Wさんの証言によれば、その包帯には赤黒い染みがあり、指が幾分か短く見えたそうである。

青い猫型ロボット（宮城県）

二十代の男性、中村さんは呪物らしきものを所持してしまったことがある。

三年前、中村さんは勤務先で新入社員の若い女性と仲良くなった。二つ年下で、趣味はコスプレだといい、休日だけ髪を青やピンクに染めたり、唐突にアニメの声優の声を真似て喋ったりする。名前も変わっていて、沼間咲夜《ぬまさくや》という。かなり個性の強い女性だったが、中村さんもアニメや特撮ヒーローものが好きだし、何といっても咲夜の愛らしい顔立ちとスタイルの良さに惹かれたそうだ。

咲夜は何度かデートをした後、平日の午後十時過ぎに車に乗って、いきなり中村さんが一人暮らしをしているアパートへやってきた。

「どうしたんだい、こんな時間に？」

「おいで」

手招きをするので、一緒に道路の端に停めた車へ行ってみると、トランクに大きな段ボール箱が入っていた。

「これ、あげる」

「プレゼントかい？　ありがとう！」

「今日はこれで帰る。じゃあね」

咲夜は中村さんが段ボール箱を受け取ると、すぐに車に乗って去っていった。

(中身は何だろう？)

重い物であった。部屋に戻って、段ボール箱を開けてみると、某少年漫画の全巻セットが入っていた。中村さんが以前から読みたいと思っていた漫画だ。先日、咲夜にも話していたことを思い出した。

(おおっ！　これはいいぞ！　あの子、脈があるな！)

と、中村さんは確信して大喜びした。漫画本を全巻取り出して、本棚に並べてゆく。その際に漫画本の下から、ボール紙でできた箱が現れた。蓋を外すと、中には新聞紙で包まれたものが入っている。

(何かな？)

新聞紙を開けてみると、漫画やアニメの主人公として有名な、青い猫型ロボットの人形が出てきた。全長三十五センチほどで、布製のぬいぐるみだ。年代物なのか、あちこちが傷だらけになっていたという。

(何だい、こりゃあ？)

中村さんが読みたいと思っていた漫画は、このロボットが活躍する作品ではないし、作者も異なる。どうして咲夜がこの人形をくれたのか、理解に苦しんだ。

(思った以上に変わってるな……。でも、彼女なりの好意なんだろう)

中村さんはそう解釈することにした。そして咲夜が自宅に到着したと思われる頃合いを見計らって、御礼の電話をかけようとしたが、彼女のスマートフォンには繋がらなかった。留守番電話の案内が流れたので、もう寝てしまったのかと思い、

「どうもありがとう！　うれしいよ！　また明日ね」

と、メッセージを入れて電話を切った。

翌日、中村さんは会社で咲夜と会うことを楽しみにしていたが、それは叶わなかった。咲夜は会社に姿を見せず、無断欠勤をしたのである。

上司が何度か電話をかけたものの、留守番電話の案内が流れるばかりであった。咲夜は会社の近くにあるアパートで一人暮らしをしているので、何かあったのではないか、と心配した上司が様子を見に行ったが、留守だったという。

中村さんも気になって、勤務が終わってからアパートへ行ってみたものの、人がいる気配はなかった。それから何日経っても咲夜は無断欠勤を続けて、連絡もつかなかった。中村さんは毎日、夕方になるとアパートへ様子を見に行った。しかし、咲夜が無断欠勤を始

めてから二週間が経った頃、その部屋は空き家になっていた。

アパートの管理会社に事情を話して問い合わせてみたところ、詳しいことは話せないが、咲夜は無事で、本人の意思による引っ越しなのだという。

中村さんは重く深い喪失感を味わい、ひどく落胆した。咲夜からもらった漫画は、もはや読む気になれなかった。彼女のことを思い出して、辛い気持ちになってしまうからだ。漫画はそのままにしていたが、青い猫型ロボットの人形は、傷だらけで汚らしかったので、燃えないゴミの回収日に捨てることにした。

その朝、人形をゴミの回収場所に置いてから出勤し、夜になって帰宅した。

部屋のドアを開けて室内に入ると、何と、玄関の床に青い猫型ロボットの人形が置かれていた。傷の具合から、今朝捨てた人形と同じ物だとわかったそうである。

そして中村さんが気に入って大事に飾っていた、某アニメの美少女キャラクターのフィギュアがなくなっていることに気づいた。

(誰かがこの部屋に入ったんだな!)

中村さんは、何者かによる悪質な嫌がらせか、空き巣の仕業ではないかと考えた。警察に相談するべきか迷ったが、仕事で疲れていたことと、ほかになくなった物はないことから、ひとまず様子を見ることにした。

次の日の朝、燃えるゴミを出すためにゴミの回収場所へ行くと、同じ美少女フィギュアが、四肢をもがれ、腹の真ん中に穴を開けられた無惨な姿で転がっていた。中村さんは仰天して、腰を抜かしてしまった。激しく動揺し、自宅の戸締まりを厳重にしてから不安な気持ちで出勤する。

(今度、何かあったら、迷うことなく警察へ駆け込もう)

そう決心したが、その日の仕事を終えて車に乗ろうとすると、助手席にあの猫型ロボットの人形が置いてあった。自宅の玄関に放置してきたはずなのに――。

(こいつ、ただの人形じゃないな!)

中村さんは、不可解な現象の原因が、一般的な人間による犯罪行為ではないことを悟った。人形に不可思議な力が宿っていることを確信したそうだ。

とにかく気味が悪いので、帰路に隣町まで車を走らせ、ゴミの回収場所に人形をこっそりと置いてきた。恐る恐る自宅に戻ると、人形はどこにもなかった。これでひと安心だ、と中村さんは愁眉《しゅうび》を開いたのだが……。

翌朝、目が覚めると、布団の中に同じ人形が入っていた。中村さんは狼狽して数分間、動けなくなってしまったが、次第に怒りが込み上げてきたという。人形を床に叩きつけ、何度も踏みつけた上、鋏まで使ってばらばらに切断した。その残骸を掻き集めてレジ袋に詰め込むと、コンビニへ行ってゴミ箱に捨ててきたそうである。

ところが、数日後には自宅の玄関に、再び猫型ロボットの人形が現れた。

そして今度は棚の上に飾っていた、仮面を被ってバイクを自在に操り、悪の怪人組織と戦うヒーローのフィギュアが粉々に破壊されていた。

（またか……。何てことを……。これも、あの人形の祟りなのか！）

中村さんは再び激情に駆られて、抑えることができなくなった。人形をアパートの狭い庭で鋏やカッターナイフを使って八つ裂きにすると、ライターで火を点けて焼却した。首から下げていた鈴だけは燃えなかったので、地面に穴を掘って埋める。後には灰しか残らなかった。

それでも、一週間ほど経って会社へ出勤すると、自席の机上に人形が置かれていた。こっそりと社内から出たゴミに混ぜて捨てたが、三日後には自宅の寝室に戻っていたという。

おまけに、同じ日に自宅のテレビと目覚まし時計がなくなってしまった。アパートの周辺を探し回っても、見つからない。

（あの人形は、壊したり捨てたりすると、何かを身代わりにして復活するんだな）

と、気づいた中村さんは、人形を徹底的に無視することに決めた。それが功を奏したのか、当分の間、異変は起こらなかった。

だが、テレビと時計が消えてから、半年ほど経った頃、またしても人形が異変を起こした。自宅の冷蔵庫に食べ物を入れておいたところ、齧《かじ》られた痕がつくようになったのだ。

また、袋に入った菓子をテーブルの上などに置いておくと、外出中に開封されて中身が空になっていたこともあった。

そんな現象が起こり始めてから、人形が日に日に大きくなってきているような気がした。無視を決め込んでいて触りたくなかったので、大きさを計りはしなかったが、全長が四十五センチはあるように見えたという。

この現象は夏から秋にかけて続いたものの、晩秋になると、食べ物に関する異変は起きなくなった。人形は次第に元の大きさに戻っていったそうである。

同じ年の暮れになって、中村さんは風邪を引いた。高熱が出て、病院へ行けないほど体調が悪くなった。トイレで嘔吐をしたあと、出てきたところで床に倒れ込んでしまう。

そのとき、遠くから人の笑い声が聞こえた気がした。

目が覚めると、中村さんはいつしか布団に入って寝ていた。ふと枕元に目をやれば、猫型ロボットの人形が置かれている。そして身体は楽になっていた。嘘のように熱が引いている。倒れるほどひどかった風邪の症状が、薬も飲まずに快復していたのだ。

「もしかして……おまえが、治してくれたのか？」

と、中村さんは人形に話しかけた。

中村さんの中で、初めてこの人形に対する愛着が芽生えた。大晦日には、テーブルの上に人形を置いて、年末恒例の歌番組を観ながら年を越したという。

元旦のこと。供え物として、焼いた餅を一枚、人形の前に置いておくと、数時間後にはなくなっていた。

(もしかしたら、こいつはそんなに悪い奴じゃないのかもしれない。今度はドラ焼きでも買ってきてやろうかな)

気まぐれな猫でも飼っているような気分になる。

そんな矢先のことであった。

正月休みが明けて、新年の初仕事に出勤した中村さんが、夕方になって帰宅すると、自宅にあった食器がすべて破壊されていた。陶器の皿や丼、鉢や碗、マグカップやグラスなどが悉《ことごと》く割られて床に散乱している。箸は折られ、スプーンやホークはひん曲がっていた。その中に、あの人形が座っている。この日、地震は起きていなかった。

「おまえが！　おまえが、やったのか！　いい奴かと思っていたのに……」

中村さんは後片付けに追われる羽目になった。人形はテーブルに戻さず、玄関に置いた。

食器が全部なくなったため、自炊はできず、急遽、コンビニへ弁当とペットボトル入りの飲み物などを買いに行かなければならなかった。

(あんなモノに、心を開きかけた俺が馬鹿だったんだな……)

中村さんは大きな失望を味わった。自己嫌悪も加わって、生きていることが嫌になりかけたという。

次の休日。

中村さんは新しい食器を買いそろえようと、車に乗って外出した。郊外にできた量販店へと向かう。その途中、いつの間にか助手席に人形が座っていた。

(また何かやらかす気だな。この野郎)

中村さんは無視を続けようかと思ったが、じきに別の案を考えた。量販店まで行く途中の平坦な田舎道で、

『M沼　入口↘』

という道路標識が目に入ったからだ。

(そういえば、M沼では嫌な奴を不幸にしてくれ、と頼むと願いが叶う、とか、変な噂話を聞いたことがあったっけ……)

都市伝説、いや、田舎にある沼なので、〈田舎伝説〉か〈里沼伝説〉の類いなのかもしれないが、中村さんは又聞きの怪談話をはたと思い出したのである。

（どうせ嘘なんだろうし、また戻ってくるんだろうけど……）

中村さんはM沼へ向かうことにした。戻ってくるにしても、今はこの人形と一緒にいたくなかったそうだ。沼に到着してみると、真冬の寒い日だったこともあって、ほかには誰もいなかった。

車から降りた中村さんは、沼に向かって叫んだ。

「こいつが二度と戻ってきませんように！」

青い猫型ロボットの人形は、こうしてM沼に投げ込まれた。最初は水面に浮かんでいたが、まもなく何かに引き込まれるかのように勢いよく水中へと沈んでいった。

（前述の「びじょんさん」を思わせるが、M沼の所在地は山奥ではないらしい）

中村さんが新しい食器を買ってアパートに帰ると、人形はなかった。

この日から現在に至るまで、人形は出現していない。今でも警戒はしているものの、新たな異変は何も起こっていないという。

それについて、中村さんは二つの原因を考えている。人形がやっと諦めたのではないか、という説と、M沼が人形の霊力を抑え込んでいるのではないか、という説である。

さて、ここからはこの情報を取材し、提供してくれたWさんの話になるのだが、彼は共通の知人を通じて、喫茶店で中村さんと面会していた。その席で、

「人形を捨てたM沼の、本当の名前と場所を教えてもらえませんか？」

と、頼んだところ、中村さんは慌てて拒否した。

「……あれが、今度はWさんにとり憑くかもしれないし、俺のところに戻ってくるかもしれないから、駄目です、絶対に……。できません！」

中村さんの顔は、冷や汗をかいてびっしょりと濡れていた。M沼には二度と近づきたくないのだという。

この話には後日談がある。

中村さんは何日か経って、自らWさんに連絡をしてきた。彼はWさんと会った日の夜に、自宅で眠っていて奇妙な夢を見たそうだ。

夢の中では、中村さんと咲夜がM沼の畔に立っている。咲夜は髪を青く染め、黒ずくめのゴシックロリータと呼ばれる服装に身を包み、中村さんのことを睨みつけて、

「アオニサイ！　アオニサイ！　アオニサイ！　アオニサイ！　アオニサイ！」

と、何度も罵倒してきた。

中村さんが覚醒したとき、寝室の中は不快なほど強烈な、女性用の香水の匂いが漂って

いた。彼のほかには誰もいない部屋だというのに――。

Wさんは、駄目で元々とばかりに、再びM沼の真の名と場所を訊ねてみた。しかし、中村さんの意思は変わらず、固く拒否してきた。

「また何かあれば、連絡しますが、それだけは教えられないんです。すみません!」

M沼の場所は宮城県内のどこか、ということ以外は今のところ、わかっていない。


ところで、読者各位は既にお気づきかと思われるのだが、沼間咲夜という名の女性は、「年上の女」(本書三十六ページ)にも登場している。ただし、「年上の女」の沼間咲夜は五十代で、四年前に交通事故で車ごと沼に転落して死亡している。三年前に中村さんの前に現れた二十代の沼間咲夜とは、同姓同名の別人に過ぎないのか、何らかの関連があるのか、Wさんも気になって、中村さんと柄井さんにそれぞれ別の日に訊いてみたが、

「あんな名前の人が、ほかにもいるんですか!?」

と、どちらも驚くばかりで、何もわからなかったという。


(著者より……野山や海、河川湖沼や池などへのゴミの不法投棄は、いかなる事情があろうと、絶対にやってはならない。読者各位は真似をしないでもらいたい)

逆怨みの獣（宮城県登米《とめし》市、平筒沼《ひょうどうぬま》）

宮城県在住で三十代の男性、義郎さんは、ある会社で事務の仕事をしている。彼は先輩の徹《てつ》から、激しいパワーハラスメントを受けていた。

一つ年上の徹は、義郎さんのことが気に入らないらしく、「声が小さい！」だの、「おめえの字、汚くて読めねえぞ！」だの、「いつも安物のスーツを着てきやがって！　みっともねえ！」だのと、さまざまな言いがかりをつけてくる。

仕事でわからないことを訊いても、「知らねえよ！」と何も教えてくれない。その上、廊下でたまたま前を歩いていただけで、「おめえごときが俺の前を歩くな！　十年早《はえ》えんだ！　目障りなんだよ！」と怒鳴られたことがあった。頭を叩かれたことも、二度や三度ではない。

おかげで義郎さんは、職場にいる間中、怯えるようになり、食事がまともに喉を通らなくなった。病院で検査を受けると、胃潰瘍で胃が細かい穴だらけになっているという。

義郎さんは、医師に診断書を書いてもらい、上司に相談した。

「民事裁判を起こすことも考えています」

「いや、それはまずい。私がよく注意しておくから、もう少し我慢してくれないか」

翌日、上司は徹を呼び出して厳重な注意を行った。それで一旦、義郎さんへのパワーハラスメントは終わったかに見えたそうだ。

ところが、その頃から同い年の女性社員、千住の態度が急に冷たくなったという。仕事の用事で話しかけると、決まって顔を顰めて、やけに素っ気ない返事をする。ふと気づくと、こちらを睨んでいることもあった。

とはいえ、彼女は隣の部署の所属で深く関わることは少ないため、義郎さんは不審に思いながらも、気にしないようにしていた。


休日のこと。体調が良くなった義郎さんは、宮城県登米市にある平筒沼へ出かけた。ルアーでブラックバスを釣りたいと思っていた。

平筒沼は周囲三・七七六キロメートル。周りには遊歩道が整備され、岸辺のほとんどが緩やかに傾斜していて、草は丁寧に刈られており、水際まで楽に下りることができる。桟橋が設けられ、ワンドと呼ばれる浅瀬に水草が茂った場所もある。沼の畔には複数の駐車場があるため、魚釣りには絶好の環境で、野鳥観察やその他のレジャーも楽しめる。外来魚のブラックバスやブルーギルが生息している問題は抱えているが、今では全国的にも稀少になった、理想的な里沼といえるだろう。

そこはまた、義郎さんにとって、子供の頃から慣れ親しんだ遊び場でもあった。

日中、彼がリールを取りつけた竿を手にして、沼の畔を歩いていると――。

突然、背筋に寒気が走った。しかも強烈な臭気が漂ってきて、鼻腔を刺激される。消毒用アルコールを思わせる匂いと、魚の死骸が放つ腐敗臭が混ざったような、これまでに嗅いだ記憶がない異臭である。

「むう……」

堪らず、腕で鼻を塞ぐ。寒気と同様に、臭いは背後から漂ってきているらしい。

義郎さんは振り返った。

すると、真昼間だというのに、水際に猪と似た獣がいた。体高は五十センチほどで、中型犬などよりも大きい。しかし、猪でないことはすぐにわかった。四つ足で、胴体は褐色の体毛に覆われていたが、その頭部は人間の顔をしていたからである。尚且《なおか》つ色白の顔面からは数多くのエビが突き出していた。顔面の皮膚や肉にエビの腹部が食い込んでいるのだ。半透明で、小さな鋏を持った第二脚が長いエビである。

あとで思えば、テナガエビのようだったという。

獣の唇が開閉する。

「……セイデ！　……セイデ！　……セイデ！」

すべての言葉を聞き取ることはできなかったが、何度もそう言う声が聞こえた。男の声にしては高く、女の声にしては低い、性別不明の声であった。言葉を発する度に、顔面から突き出したエビたちが、一斉に鋏を擡《もた》げて蠢《うごめ》く。

(な、何だ、あれは……!?)

義郎さんは釣り具を放り出して、駐車場に駐めておいた愛車まで、無我夢中で走って逃げた。車に乗り込むと、できるだけ速度を上げて帰ってきたそうだ。


その夜、義郎さんが自室のベッドで眠っていると、見知らぬ街角を歩いている夢を見た。夢には平筒沼の畔で目撃した妖獣が出現したという。

妖獣が駆け出して、義郎さんに接近してきた。体高は一メートル近くもあり、日中に目撃したときよりも明らかに大きくなっていた。その容貌が目の前に広がる――。

それは千佳の顔であった。

「オマエノセイデ！　オマエノセイデ！　オマエノセイデ！　オマエノセイデ！」

と、同じ言葉を何度も叫ぶ。

その度に顔面から突き出したエビたちが、一斉に蠢くのだ。

「こっちに来るな！　あっちへ行け！」

義郎さんが両手を前に出して、獣の突進を止めようとすると、獣は義郎さんの右手に噛みついてきた。

「痛《いて》えっ！」

義郎さんは跳ね起きて、目を覚ました。

右手が痛む。蛍光灯を点けてみると、指や掌が傷だらけで、血が噴き出していたという。

(おいおい、ただの夢じゃなかった、ってことかよ)

義郎さんは激しい悪寒に襲われた。右手は腫れ上がり、高熱を発してそのまま寝込んでしまい、それから一週間は仕事を休まざるを得なかった。


体調が快復して出勤すると、職場の机の下に大量のゴミが散乱していた。空のペットボトルや牛乳のパック、パンの空き袋など、身に覚えのないゴミばかりである。それらに混ざって、奇妙な見慣れない図形を書き込んだ白い紙が何枚も目についた。

(何だよ、これは？　誰かの嫌がらせか……。この図形は、何かのまじないなんだろうか？　気味が悪いな)

義郎さんは、すべてのゴミをすぐに捨てた。

同じ日の夕方。

義郎さんは、同僚で仲の良い遙紀《はるき》さんと、会社の駐車場で立ち話をした。そこでこれまでの経緯を語るうちに、こんな話を聞いたという。

「徹と千佳は付き合ってるんだってさ。会社では素振りも見せないで隠してるけど、街で手を繋いで歩いてるところを、パートの女性たちが見たそうなんだ」

徹は上司から〈一方的に後輩をいじめ続ける、性格に問題のある男〉として睨まれたことで、出世コースから外される可能性が出てきた。交際相手の千佳は、それを義郎さんのせいだとして、逆恨みをしているらしい。

「なるほど。そうだったのか……」

義郎さんは、合点が行ったのと同時に、激しい怒りが湧いてきたという。

事の起こりは徹の理不尽なパワーハラスメントだったのである。それを合理的に解決しただけなのに、なぜ仕返しをされなければならないのか——。

この日から、義郎さんは変わっていった。

怨みや呪いの研究を始め、それらに効果があるとされる、御札や御守りを買い集めるようになった。ボーナスの大半をつぎ込んだという。

効果があったようで、以来、千佳の顔をした妖獣は現実の世界にも、夢の中にも現れることはなくなった。

(凄いな！　本当に効くとは思わなかった！)

義郎さんは驚きとともに感激した。

だが、千佳はその後も時々、こちらを睨んでくる。

さらに徹が、いきなり後ろから義郎さんの尻を蹴りつけてきたことがあった。

「調子に乗るな、馬鹿野郎！　十年、いや、百年早えんだ！」

と、眉を吊り上げて怒鳴られた。

義郎さんは恐怖を感じたが、怪我をしてはいなかった。これでは警察に届け出ても、傷害罪にはならないだろう。

(やれやれ……。馬鹿につける薬はない、か……)

義郎さんは、再び上司に訴えるか、いよいよ本気で民事裁判を起こすべきか、真剣に考え始めた。しかし、もう一つ、別の計画案を思いついた。

呪いの研究にすっかり没入していた彼は、以前に職場の机の下に仕込まれていたのと同じ図形を白紙に描いてみた。そして夜遅くまで残業をしていた日に、ほかの社員がいなくなったところを見計らって、紙を徹と千佳の机の裏側にセロテープで貼りつけた。こうすれば、なかなか二人には気づかれないだろうと考えたのだ。

数日後、千佳はコロナウイルスを発症したことから、しばらく寝込み、徹は車の自損事故を起こして、それ以後、二人とも後遺症から仕事を休みがちになったという。たまに出勤してきても、青ざめた顔をしていて、別人のごとく元気がないようだ。

義郎さんは現在、仕事に行くのが毎日楽しくて仕方がない。

(どうせ馬鹿は反省もしないで、また同じことを繰り返すだけだ。いっそのこと、二度と会社に出てこられないようにしてやろうか。それとも、沼にでも沈めてしまおうか)

呪術による、刑法には絶対に触れない抹殺計画を実行してみたくて堪らないそうである。

参考資料『水辺遍路　平筒沼』市原千尋　https://bunbun.hatenablog.com/entry/2013/03/28/130415

平筒沼

森崎さんの幸福な日々（宮城県）

宮城県在住で二十代の男性、森崎さんは、職場の人間関係に苦しんでいた。彼は以前から持病の片頭痛に悩まされていて、仕事が十分にできない日がある。それが原因で、同僚の中では最も優秀な社員とされ、皆から頼りにされている将人《まさと》から「お荷物野郎！」と嫌われるようになった。

将人を敵に回したくないほかの同僚たちも、森崎さんから距離を置くようになっていた。明らかに無視をされたわけではないが、必要最小限の会話しかしてくれないのだ。それでも森崎さんはめげずに自分から話しかけるようにして、人間関係を改善しようと努力していたものの、なかなか思うようにゆかず、次第に疲弊していったという。

天気の良い休日のこと。

森崎さんは気晴らしのつもりでドライブに出かけた。だが、車を運転中にまた持病の片頭痛に襲われた。

（ううむ……。ここから一番近い休憩場所は……）

カーナビゲーションシステムの地図を見ると、同じ道路の少し先に止水が表示されている。激しい頭痛に耐えながら、やっとの思いで車を走らせると、止水の畔に駐車場が見えてきた。そこは初めて立ち寄る、M沼であった。

森崎さんは車を駐めて、後部座席に移動し、横になった。膝を曲げる窮屈な姿勢ではあったが、目を閉じているうちに眠ってしまった。

夢を見た。

髪を青く染めた若い女が、黒ずくめのゴシックロリータの衣服を着て、げらげらと人を小馬鹿にするように笑っている。アイドルグループの誰かに似た、愛らしい顔立ちをしているが、見覚えのない娘だ。少しして笑うのをやめると、真顔になって、

「ヤッチマエ！　ヤッチマエ！　ヤッチマエ！」

と、命令するような口調で繰り返す。

そこで夢は途切れて、目覚めたときには夜になっていたそうである。

片頭痛はすっかり治まっていた。車から降りてみると、満月の夜であった。夜空は青紫色に染まり、七色に輝く月光がM沼と周りの木立を照らしている。辺りにはほかに誰もいない。森崎さんはふと、夢に出てきた見知らぬ娘の言葉を思い出して、

「将人の馬鹿野郎！」

水面に向かって、そう叫んでいた。すると、これまで抑えてきた将人に対する怨みの念

が沸々と湧き上がってきて、

「将人くたばれ！　くたばれ将人！　人でなし！」

などと、何度も叫んでいたという。

その直後であった。沼の岸辺は月光に照らされて、昼間のように明るかったのだが、水面までは光が十分に届いていないのか、真っ黒に見えていた。それが一瞬にして明るく光ったかと思うと、水中から大きな泡が続々と浮かび上がってきて、ブクブク、ブカン……ブクブク、ブカン……と音を立て始めた。水面に無数の波紋が広がってゆく。

そんな光景を前にして、森崎さんは怖気立《おぞけだ》った。急いで車に戻り、自宅へ逃げ帰った。風呂に入ってすぐにベッドに横たわり、眠ってしまったのだが……。

翌朝のことである。森崎さんが目を覚ますと、彼の五体はベッドの上の空中に浮かんでいた。下には布団を掛けて横になっている自身の姿が見える。

（これって、話に聞いた〈幽体離脱〉じゃないか！）

驚いていると、下で寝ていた自身の身体が起き上がった。歩き出して、部屋から出ていってしまう。森崎さんは慌てて後を追いかけようとしたが、その場から動けなかった。唐突に起きた事態に困惑していると、これまでにない激痛に襲われた。それは全身痛とでもいうべきか、普段の片頭痛とは異なる、頭全体の痛みや吐き気、胸の痛みや腹痛、背中や腰の痛み、手足の関節痛など、五体のあらゆる部位に激しい痛みが走る症状だったという。

気がつくと、森崎さんは職場にいた。同僚から肩を叩かれて、はっと我に返ったそうだ。日捲りカレンダーを確認すると、M沼へ行き、帰宅した翌日から数えて四日間が経過し、五日目になっていたことがわかった。森崎さんは狼狽したが、

（落ち着け。落ち着くんだ。落ち着こう）

と、何度も自分に言い聞かせた。

（どうせ人に話したところで、夢でも見ていたんだろう、と笑われるだけだ。俺自身、信じられないような目に遭ってるんだから……）

顔が汗びっしょりになっていたが、冷静に行動するように努力し、職場の同僚たちには気取られないように心がけた。そして、まずは現状を探ってみることにした。

周囲の様子を見た限りでは、記憶のない日々の間に、森崎さんが問題を起こしたことはなかったらしい。担当している業務は無事に進んでいた。

しかし、大きな異変が起きていた。将人が欠勤していたのだ。彼は自宅にいて急に全身の痛みを訴えて倒れ、病院に搬送されたが、原因不明のまま入院しているのだという。

森崎さんは表情にこそ出さないようにしたものの、胸中では小躍りして喜び、トイレで

一人になったときには、満面の笑みでガッツポーズまで決めてみせた。

将人は重症で、一向に快復せず、長いこと寝たきりとなって、そのまま退職することになった。将人がいなくなると、森崎さんのことを悪く扱う者はいなくなり、職場の環境は快適なものに変わっていった。持病の片頭痛も起きなくなって、仕事が順調にできるようになると、同僚からは頼りにされ、とくに女性社員からの人気が上昇した。森崎さんは、その一人、奈津美と交際するようになり、まさに我が世の春が訪れた気分だったという。

ところが、良い時期は一年弱しか続かなかった。

職場で〈キレ者〉と認められるようになった森崎さんに対して、勝手にライバル意識を抱き始めた男性社員、志田がいて、馬が合わなくなった。原因は仕事上の競争心だけではなかった。志田も奈津美のことが好きだったのである。志田は森崎さんが奈津美と交際していることを知っていながら、デートに誘ってきたそうだ。奈津美は断ったのだが、彼女からその話を聞くなり、森崎さんは激怒した。

(志田の野郎、泥棒猫みたいな真似をしやがって！　やっていいことと悪いことがある！)

とはいえ、職場で恋愛がらみの大喧嘩をするわけにもいかない。そこで、

(よし、物は試しだ。もう一度、M沼へ行ってみよう。痛い目に遭わせてやるぞ！)

ある夜、森崎さんは再びM沼へ行き、水面に向かって叫んだ。

「志田の馬鹿野郎！」

将人を呪ったときのことを思い出して、できるだけ同じ言葉を使うようにした。

「志田くたばれ！　くたばれ志田！　人でなし！」

ただし、将人のときとは違って、

「どうか、志田が職場からいなくなるようにして下さい！」

と、最後に両手を合わせて強く祈願した。

今回は、翌日に幽体離脱は起こらなかった。

だが、しばらくして、志田は休日に外出先で交通事故に遭い、重傷を負って休職することとなった。さらに精神が不安定になり、自殺未遂騒ぎを起こして会社を退職したそうだ。現在は精神病院に入院しているらしい。


こうして、森崎さんには再び幸福な日々が戻ってきたかに見えた。けれども、ほどなく新たな異変が発生するようになったという。

彼が街を歩いていると、不意に将人が現れたのだ。鬼のような形相で、こちらを睨みながら立っている。

森崎さんは、どきりとしたが、瞬時に気を取り直した。以前とは違って、

（今の俺なら、将人にだって負けやしない。必ず勝てる！）
という自信があった。胸を張って、わざと不敵な笑みを浮かべると、
（嫌味の一つも言ってやろうか）
そう考えながら近づいていったのだが、途中で将人の姿は霧のように消えてしまった。
森崎さんは愕然として、我が目を疑った。
もっとも、その後、同じ現象が時間や場所を問わずに度々起こるようになった。それで
すっかり慣れてしまった森崎さんは、将人が現れても無視できるようになったという。

この話を取材し、提供してくれたWさんによれば、森崎さんは、
「Wさんも、身近にいなくなってほしい奴の一人や二人はいるでしょう？　いや、もっと
いますかね？　俺が祈願したM沼の本当の名前は、××沼ですよ。ぜひ、お試しあれ！」
と、語り終えた直後に、高笑いをしてみせたそうである。
「青い猫型ロボット」（本書二〇九ページ）の中村さんとは違って、彼は自らM沼の実名
を告げたというのだ。M沼といえば、ほかにも「どん底の紅蓮華」（本書一九七ページ）
に同じイニシャルの沼が登場している。体験者である菅井さんの証言から、本作品と「ど
ん底の紅蓮華」のM沼は、同じ沼であることが判明した。

しかし、「青い猫型ロボット」のM沼は同じ沼か否か、わかっていない。ただ、中村さんをはじめ、体験者は三人とも「仮にM沼と呼んでおきます」と話していたという。

ちなみに、この取材から三ヶ月が経過した頃になって、森崎さんから連絡があった。

「ここ最近、悪い夢を毎夜、見るようになったんです。××沼（M沼のこと）の中から、将人と志田が大勢出てくるんだ。それから、夢に出てきた、黒いゴシックロリータの服を着た青い髪の娘も……。百人以上で、どこまでも俺のことを追いかけてくるんです」

同時に右目の視力が急激に低下してしまい、今ではほとんど見えていないそうだ。白内障らしいが、若者には珍しい病気である。彼は、おろおろした声でこう続けた。

「さ、先に、けしかけてきた、あいつらが、悪いんですよ！　お、お、俺は、悪くない！」

そこまで言うと、森崎さんは一方的に電話を切ってしまった。Wさんは気になってかけ返してみたが、森崎さんは出なかった。

その後、Wさんは森崎さんの身の上が心配になり、経過を聞こうと何度も電話をかけてみたものの、なぜか森崎さんは電話に出てくれない。メールやLINEを送っても、返信がない。Wさんは彼の無事を祈っているが、呪いの〈お試し〉はやるべきではないし、M沼の実名を公表することは控えたい、とのことである。

あとがき

本書は私にとって、記念すべき十作目の単著となりました。これまで私の作家活動を熱心に応援して下さった全国のファンの皆様、刊行、おめでとうございます！

ただ、今回の本は、ふと思いついて提出した企画がすんなりと通ったので、やることにしたのですが、予想に反してネタ集めはなかなか思い通りに進みませんでした。とくに東日本と西日本における言語文化の違い、という壁にぶち当たり、中部地方以西の話は少ししか収録できませんでした。これは事前の調査不足にほかならないので、猛省しつつ、今後に活かしてゆきたいと思っています。

それから、できるだけ沼の場所を書く努力をしましたが、地域住民の皆様に迷惑がかからないように、意図して場所がわかり難いように書いた話もございます。御了承下さい。

さて、話変わって、作家業の傍ら、主催しているイベントの宣伝です。

今年は六月八日（土）に群馬県高崎市の白銀ビル貸し会議室にて「高崎怪談会37 ～戸神重明の世界～」、七月十三日（土）に福島県会津若松市の小澤ろうそく店にて「会津《あいづ》夕星《ゆうづつ》怪談会1&高崎怪談会38」、十月十九日（土）から二十日（日）に群馬県桐生市、四辻《よつつじ》の齋嘉《さいか》にて「高崎怪談会（現時点ではナンバー未定）　桐生百物語」を開催します。

百物語は仮眠用の部屋（男女別）や食事（有料）も提供できます。

今決まっているのはこれだけですが、このあとイベントの数を増やします。いずれも予約制ですので、詳細は私の名前か、「高崎怪談会」でWEB検索をしてみて下さい。公式Xもしくは公式ブログがヒットします。今後は群馬県外での開催も増やしてゆく方針です。

また、私自身は元々、タレントや芸人を目指してきたわけではないので、今流行の〈怪談語り〉よりも、自作の朗読や作家にしかできないフリートークに力を入れてゆきたいと思っています。そして本業の作家としての活動ですが、今年の後半から、これまでとは違った分野や手段にも挑戦してゆきます。よろしかったら、これからも応援して下さい。

改めまして本書を手に取って下さった読者の皆様、取材に協力して下さった皆様（中でも今回、一番多くのネタを提供して下さったW様には大感謝です！）、竹書房や関係者の皆様、どうもありがとうございました！

それでは、魔多《また》の鬼界《きかい》に！

二〇二四年初夏　風の東国にて　　北関東の怪物　戸神重明

里沼怪談

2024 年 6 月 5 日　初版第一刷発行

著……………………………………………………………………戸神重明

カバーデザイン……………………………………………………小林こうじ

発行所………………………………………………………株式会社　竹書房

〒 102-0075　東京都千代田区三番町 8-1　三番町東急ビル 6F

email: info@takeshobo.co.jp

https://www.takeshobo.co.jp

印刷・製本………………………………………………中央精版印刷株式会社
